NHK 100分 de 名著 ブックス

五輪書

Gorinnosho

わが道を生きる

宮本武蔵

Miyamoto Musashi

魚住孝至

NHK出版

はじめに――二十一世紀の今よみがえる『五輪書』

宮本武蔵《むさし》といえば、すぐに佐々木小次郎との「巌流島《がんりゅうじま》の決闘」が思い浮かぶのではないでしょうか。けれどもこれは、武蔵にとって数ある勝負の一つに過ぎないものです。もう少し詳しいと、「少年時代、父に反抗して武者修行に出て以来、一度も負けなかったが、勝つためには何でもした」「沢庵《たくあん》和尚との出会いによって精神的に成長したが、生涯浪人で放浪した。晩年になってようやく熊本で落ち着き、『五輪書《ごりんのしょ》』を書いた」といったイメージをお持ちかもしれません。

けれども、これらは「巌流島の決闘」の顚末《てんまつ》も含めて、吉川英治が書いた小説『宮本武蔵』による虚像です。この小説は、映画や芝居、ラジオやテレビ、マンガなどで繰り返し変奏され、そのイメージがあまりに強固なものになっています。吉川自身が、小説のフィクションと史実が混同されることを恐れて『随筆宮本武蔵』を書いています。その中で武蔵について史実として確かなものはたった三千字程だと言っていますが、吉川は『五輪書』の内容をきちんと読んでいたのか疑問です。実際に『五輪書』を読んでみれば、小説の主人公のような武蔵には、とても書けるはずがない内容であることが分かります。

私が初めて『五輪書』を読んだのは、三十五年程前に『古典の事典』で「武道の三大古典」の解説を書く仕事をした時のことです。「三大古典」とは、柳生宗矩《やぎゅうむねのり》の『兵法家伝書』、沢庵の『不動智神妙録』、そして宮本武蔵の『五輪書』を指します。この三つを読んでみると、『五輪書』が圧倒的にすばらしいと感じました。記述がきわめて具体的かつ明晰《めいせき》で、人間のからだに即しており、まさに武道の「思想」を論じた書だったからです。卓越した論理構成力にも驚かされました。このような、近世以前には類を見ないすぐれた文章を書いた武蔵という人間が、ただの狷介《けんかい》孤高の浪人とはとても考えられません。本当の武蔵はどのような人物だったのかを知るために、私は研究を始めました。

ここ五十年程の間に、武蔵とその周辺の人物についての資料や、武蔵が関係した藩の文書などが数多く発見されています。また、これまで通念とされてきた武蔵像が、厳密な史料批判によって再検討されてきました。私も各地を調査して、武蔵の著作は『五輪書』を含めて六点もあることが分かりました。武蔵の手になることが確実な書・画・細工（木刀・鞍）は二十点以上あります。これらの研究の結果、二十一世紀になってようやく武蔵の実像が明らかになってきたのです。

小説『宮本武蔵』やその影響を受けたフィクションは、青年期の武者修行の勝負までを主に描くので、「素浪人・武蔵」のイメージが強いのですが、武蔵の思想を考える上で重要なのは、むしろ壮年期以降です。譜代大名に「客分」として迎えられ、藩主の息子や家臣に剣術を指導した武蔵は、一方で禅僧や林羅山《はやしらざん》などの知識人たちと交流を持ち、諸芸を嗜《たしな》む自由もありました。また養子を採って大名の側に仕えさせましたが、養子は後に藩の家老にまでなります。『五輪書』が剣術の鍛練に止まらず、何事においても人に優れんとする武士の「生き方」まで説くことができたのは、広い視野を持ち、武家社会の中枢も知っていたからだと思います。

宮本武蔵は六十歳を越えた最後の一年半の間に『五輪書』を書いています。『五輪書』は、「地・水・火・風・空」の五巻で成ります。「地の巻」の最初に、自らの人生を振り返って、その経験から見出した真実を書くと宣言しています。それゆえ、第1章では、ここには十分には書かれていない武蔵の生涯と時代背景について、研究で明らかになったことを紹介します。「地《ち》の巻《まき》」本論は、兵法とは何かを論じて、社会の中で武士を位置づけ、武士の職分を説明します。その上で、個人としての武士と、千人、万人を指揮する大将のあり様《よう》を分けて論じます。後者ではリーダー論も述べています。その上でさまざまな武術を見た上で剣術論を展開するのです。ここまで第1章で解説します。

第2章は「水《すい》の巻」で、剣術の技法・鍛練の仕方を解説しています。日常の生活から、心の持ち方や姿勢を常に鍛練していく。また、太刀の構えと太刀遣いの原理を明らかにして稽古法を示しますが、これらをマニュアルのように覚えるのではなく、太刀を振る感覚を自分で研《と》ぎ澄ませ身につけていくことこそ大事だと強調しています。さらに、常に実戦でどう戦うかを考えて稽古せよと言っています。

第3章は「火《か》の巻」を考えます。武蔵は、勝つには勝つ道理があるとして、戦う場と敵をよく知って、自分が有利に戦えるように徹底して工夫しています。敵を崩すために、技の工夫とともに心理戦も仕掛けて、敵に崩れが見えた瞬間を間髪容《かんぱつい》れずに勝つ。生涯無敗であったのもなるほどと思われます。有名な吉岡一門との戦いや巌流の小次郎との勝負についても、遺された資料から実際はどうであったかを推測してみます。加えて、剣の戦い方は合戦の戦い方にも応用できることを示しています。

第4章では「風《ふう》の巻」と「空《くう》の巻」の内容を扱います。「風の巻」は、他流剣術の誤りについて考えることで、確かなものを浮かび上がらせています。その上で武蔵は、自らの術理が現実にいついかなる場でも通用するか、絶えず大きなところ――「空」から見ていました。迷いなく、自らの感覚を磨いて、鍛練を徹底していけば、やがて自在な境地に開かれる。それが「空の巻」の目指すところです。

『五輪書』で武蔵は、「ここに書かれていることを自分で試して工夫せよ」と読む者に繰り返し勧めています。その勧めにしたがい、私自身も真剣や武蔵自作の木刀の複製を振り、二天一流の伝承の形《かた》を試してみることで、武蔵が苦心して言葉にしようとしたことが実感として分かってきました。本書で、その一端をお伝えします。

『五輪書』は、最初の英訳から四十五年余り経ち、今や十以上の言語に訳され、世界中で読まれています。

二十一世紀はグローバル時代と言われますが、確固とした人生観・世界観を持ち難い時代です。グローバル化したゆえに、二〇二〇年には新型コロナウイルスが世界中に爆発的に蔓延し、国や地域を越えた人間の移動が制限され、さらに人間同士の接触が警戒されて、社会生活が大きく制約される事態になっています。先進国ではオンラインが急速に普及して、対面せずに情報だけで伝達や拡散が容易になった面がありますが、それは擬似的で表面的な情報であって、人とのリアルな対応の仕方は状況によって無限の可変性を秘めるものであり、身体的な体験のレベルで吟味していくのでなければ、安易に情報に流される危険性があることも十分に自覚するのが大事だと思います。そんな二十一世紀の今にあって、戦国から江戸へと変わっていく激動の不安定な時代、自らの道を貫いて確固たる自己を生きた武蔵の『五輪書』は、私たちの生き方にも大きなヒントを与えてくれる、普遍性のある書物だと思います。

では、これから一緒に『五輪書』を読んでいきましょう。

目次

※本書における『五輪書』の本文および現代語訳は、『ビギナーズ日本の思想　宮本武蔵「五輪書」』（魚住孝至編、角川ソフィア文庫）に拠りますが、振りがななどを適宜補いました。

第1章——兵法の道はすべてに通じる

武士の生き方を後世に書き遺す

『五輪書』は、宮本武蔵（一五八二〜一六四五）が、自らの生涯を通じて見出した「武士としてのあるべき生き方」を後世の人々に遺すために著した書物です。「地《ち》・水《すい》・火《か》・風《ふう》・空《くう》」の五巻から成っており、この書を譲り受けた弟子は、相伝奥書では「地水火風空之五巻」と呼んでいました。十八世紀の初め頃、武蔵の孫弟子の世代からこの書は『五輪書』と呼ばれるようになり、それ以降、この書名が定着しました。「地・水・火・風・空」が、仏教において宇宙の構成要素とされる「五輪」にあたるので、それに倣《なら》ったものと考えられます。

武蔵による『五輪書』の自筆原本は、残念ながら見つかっていません（弟子筋には、自筆の書は収められていた城の火事で焼失したという伝承が残っています）。現在では、武蔵から『五輪書』を譲られた直弟子が書写して孫弟子に与えた細川家本[*1]など、五巻揃った写本が十本程残っています。一つの写本だけでは誤写や欠落があるため、それらの写本を比較・校訂することにより、本文が決定されます。ここでは、その校訂本文[*2]を引用することにします。

『五輪書』五巻の構成

『五輪書』の書き出しは、五巻全体の序に当たります。武蔵はここで、自分が何者であるかを名乗り、「天道と観世音を鏡として」自らの言葉でこの書を記すと宣言しています。

五巻の内容を簡単に見ておきましょう。先ほども述べたように、「地・水・火・風・空」は仏教の五輪ですが、『五輪書』の場合はこれとは別で、五つの巻の内容に見合った独特の意味が与えられています。「地の巻」第四条に五巻の意味を説いていますが、ここでは各巻の内容もあわせて見ておきます。

「地の巻」では、自らの来歴を書くとともに、正しい道の地盤を固める巻として武士の道のあらましを示します。武士は剣術を基礎として道を学ぶが、兵法《へいほう》は剣術だけでなく、武家の法すべてに関わることを論じます。

「水の巻」は、器に応じて変化し、一滴から大海にもなる水のイメージによって、兵法の核として、武士が常に鍛練しておくべき剣術の鍛練法を説いています。

「火の巻」は、小さな火がたちまち大きく燃え広がるイメージによって、一人の剣術の戦い方の理論は、千人、万人の合戦にも応用できることを示します。

「風の巻」は、「その家々の風」として他の流派について、その誤りを指摘して、自らの理論の正しさを確かめています。

「空の巻」は、何事にもとらわれない空のイメージによりつつ、自らを絶えず省みながら鍛練を積み重ねていくことを説きます。道理を体得すれば道理にとらわれない自由な境地が開かれ、実《まこと》の道に生きることができるとしています。

この五巻という構成が見事です。『五輪書』で伝えようとしていることは、剣術だけの話にとどまらず、広く武士としての生き方に関わるものです。となると、剣術以外のさまざまなことについても述べる必要があります。そこで武蔵は、全体を五巻に分け、それぞれ別の主題について論じる形をとりました。巻を分けることで、内容的に飛躍した大きな論の展開が可能になったのです。

武蔵の生涯と時代背景

では、「地の巻」冒頭から見ていきましょう。

武蔵は自らを「生国播磨《はりま》の武士、新免《しんめん》武蔵守《かみ》藤原玄信《げんしん》」と名乗っています。『五輪書』にはこれ以上書かれていませんが、諸資料をまとめて武蔵の出自[*3]を考えると、この名乗りの意味するところが分かってきます。

武蔵は、養子伊織とその直系の史料によると、本能寺の変が起こった一五八二（天正十）年に播磨（兵庫県）の田原家に生まれたが、天正年間、九歳までに美作《みまさか》（岡山県）の新免家中の宮本無二《むに》の養子となったようです。一五九一（天正十九）年には天下統一を達成した豊臣秀吉が身分法令を出し、武士と農民を分ける兵農分離を徹底しようとしていました。ところが生家の田原家は、武蔵が誕生する直前の播磨合戦で織田方と戦って敗れていたので、農民という扱いになってしまいます。そこで次男の武蔵は、武士として残るために同族になる無二の養子に出されたと考えられます。無二は、新免家の史料によると、合戦で手柄を立てたので、主家の新免姓を名乗ることを許されていました。無二は一五九八（慶長三）年に出した『当理流目録《とうりりゅう》』によれば、二刀の流派で「天下無双」を称した一流の武芸者でした。武蔵は少年時代から養父無二の二刀の剣術をしっかり学んでいたはずです。したがって、先の名乗りは、播磨の生家とともに、養父の家を継ぐものであるという思いが込められていたと考えられるのです。

『五輪書』では、武蔵は名乗りの後、自らの来歴を次のように語っています。

我《われ》、若年《じやくねん》のむかしより、兵法の道に心をかけ、十三にして初而《はじめて》勝負をす。（略）**二十一歳にして都へ上り、天下の兵法者にあひ、数度の勝負をけつ《決》すといへども、**

勝利を得ざるといふ事なし。其後《そのご》国々所々に至り、諸流の兵法者に行合《ゆきあい》、六十余度迄《まで》勝負すといへども一度もその利を失はず。其《その》程、年十三より二十八、九迄《まで》の事也。

（私は、少年時代から、兵法の道〔武士としての生き方〕に心を懸けており、十三歳で初めて勝負をした。〈略〉二十一歳の時には京の都へ上って、天下に名立たる武芸者と何度か勝負をしたが、勝利を得ないことはなかった。その後、諸国のいろいろな所に行って、諸流派の武芸者と出会って、六十回以上も勝負をしたが、一度も敗れたことはない。それは、十三歳から二十八、九歳までのことである。）

十三歳といえば今では中学一年生ですが、当時は初陣を迎える年齢です。武蔵はその年から命がけの勝負を始め、二十一歳からは都に上って、諸国武者修行を始めているのです。

武者修行の背景には、一六〇〇（慶長五）年の関ヶ原合戦[*4]の直後の不穏な時代状況がありました。関ヶ原合戦の時には、武蔵は十九歳で、養父とともに九州で東軍側だった黒田官兵衛の下で豊後《ぶんご》（大分県）の合戦や城攻めに参加していたようです。関ヶ原合戦で敗れた西軍方は八十八もの大名家が取りつぶしになり、五十万人もの牢人[*5]が全国に生まれました。武蔵が上京した二十一歳の年は一六〇二（慶長七）年で、大名の取りつぶしや領地替えなどの戦後処理は一段落したものの、大坂の豊臣方と新たに覇権を握った徳川方との間で、またいつ合戦が起こるか分からない緊張感があり、姫路城をはじめとする大きな城が各地に築かれていました。この時代、牢人たちが武名を上げて仕官の途を得るため、各地を渡りながら勝負する武者修行が盛んでした。また大名の側でも、合戦に備えて、力のある武芸者を召し抱えようと、面前で家中の者と立ち合わせることも多くありました。防具はまだなく、基本的に真剣で行われた勝負はまさに命がけのものでした。

こうした時代背景の中で、武蔵は二十九歳までに六十余度の勝負をして、一度も敗れたことがないというのです。

『五輪書』には勝負した相手の名前も一切書いていませんが、武蔵は、一六〇四（慶長九）年に室町将軍家の兵法師範であった吉岡一門[*6]と三度にわたって戦い、すべて勝って、自ら「天下一」を名乗っています。この戦いの翌年、二十代半ばで自らの流派を樹立します。そして二十九歳の時に巌流の小次郎[*7]と勝負したようです。ただ一般に知られている「巌流島の決闘」は、小説によるフィクションです。実際は、武蔵は舟の櫂《かい》などではなく、樫の木を削った精巧な大木刀を作って、約束の刻限に遅れることなく立ち合い、一撃で小次郎を倒したと考えられますが、これらについては第3章で述べることにします。

武蔵は命がけの勝負にすべて勝って「天下一」の実力を証明したのですが、その経験と自信を踏まえて、『五輪書』を著しているのです。しかもこの後に、全勝した所以《ゆえん》の道理をさらに追求して、道に達したというのです。『五輪書』は次のように書いていいます。

我三十《みそじ》を越へて、跡《あと》をおもひみるに、兵法至極《しごく》してかつにはあらず。をのづから道の器用ありて、天理をはなれざる故《ゆえ》か、又は他流の兵法不足なる所にや。その後なおもふかき道理を得んと朝鍛夕練《ちょうたんせきれん》してみれば、をのづから兵法の道にあふ事、我五十歳の比《ころ》なり。

〈私は三十歳を越えてから、それまでの勝負の跡を振り返ってみると、兵法の道を極めて勝ったというわけではなかった。〔全て勝ったのは〕自分が生まれつきこの道に器用であって、必勝の道理を離れなかったからなのか、あるいは他流派の相手に至らない所があったからであろうか。それ以来「より深い道理」を会得しようと朝夕鍛練を続けていったが、おのずから兵法の道を会得するようになったのは、私が五十歳の頃であった。）

武蔵は、三十代には、大坂夏の陣[*8]に徳川譜代の大名の下で出陣、その後、姫路の譜代大名家に客分[*9]として遇されるようになっています。家臣ではなく、大名の客としての自由と誇りを持って、大名の息子や家臣たちに剣術の指導をするようになります。そうなってくると、どうして自分はこれまで勝負に勝ってきたのか、兵法の正しいあり様はどうなのか、――「なおもふかき道理」を追求することが必要になります。それを得るため、武蔵は「朝鍛夕練」、つまり朝に夕に鍛練した。これも武蔵独特の言葉です。そして五十歳の頃、ついに道に達したというのです。これは剣術だけでなく、他にも通じる道理です。それを端的に示すのが次の一文です。

兵法の利にまかせて諸芸諸能の道となせば、万事におゐ《い》て我に師匠なし。

（兵法の道で会得した道理に拠って、他のさまざまな芸能の道を行っているので、全てにおいて、私に師匠はないのである。）

「諸芸諸能」とは、水墨画、茶の湯、連歌などの芸能のことです。客分であった武蔵は、大名家に出入りするそれらの道の名人たちと交流があったので、この時期から達磨《だるま》絵などを描いたりしていたようです。達磨絵を描くのですから、坐禅などもしていたと思われます。自分は剣術のみならず、すべての道に通じる究極の道理をつかんだという自覚があったのだと思います。この自覚から次の宣言がなされるのです。

今、此《この》書を作るといへども、仏法・儒道《じゆどう》の古語をもからず。軍記・軍法の古きことをもちひ《用》ず、此一流の見たて、実《まこと》の心を顕《あらわ》す事、天道と観世音《かんぜおん》を鏡として、十月十日之《の》夜、寅《とら》の一てんに、筆をとつて書初《かきそむ》るものなり。

（今、この本を著すにも、仏教や儒教の古くから使われてきた言葉を借りることなく、軍記や軍学の故事を引用することもせずに、この二天一流の見方、真実の心を書き表すものである。〔人間を超えた〕天道と、観世音菩薩を鏡として、十月十日の夜、夜明けの時に、筆を執って書き始めるものである。）

今、こういうことを言える人はなかなかいないでしょう。自分の考えを書くと言っても、所々に権威ある言葉を使ったり、有名な格言を引用して、重みをつけるのが普通です。しかし武蔵は、自分の経験に基づいて、自分の言葉だけで書くと宣言している。仏教や儒教の言葉や軍記や軍法の故事をよく知っているけれど、それらを引いて権威づけたり飾ったりすることはしないというのです。

『五輪書』の序を武蔵は当初、漢文で書いていたようです。武蔵自筆の『五方之太刀《ごほうのたちの》道《みち》』という漢文の一枚書きが残っています。そこには、『文選《もんぜん》』*10などの古語を用い、『史記』*11の故事なども引いて、『五輪書』の内容を漢文で書いています。

日本に数十の流派があるが、普遍的な道理に達しておらず、「道ト云フニ足ランヤ」。自分は心を深く潜め、思いを鋭くして長年修練を積み重ねて「道」に通達した。武士は二刀を帯びるので二刀を活用すべきだ。構えは五方に集約できる。何かに偏らず、その時々に自在に応じるためには「天下之正道」たる「中」に則るべきだ。それは一人の敵の剣だけでなく、万人の陣にも通じるものだ。「道同一ニシテ、軌何ゾ多カランヤ」。「唯誠心ト直道有ルノミ」という「序」です。

江戸時代までは、本文が和文でも序や跋《ばつ》（あとがき）は漢文で付けるのが正式なものとされていたので、漢文で書こうとしたのだと思います。漢文なので、漢詩で有名であった禅僧（大淵玄引）に見てもらい、清書までしたけれども、ある時点で漢文の序を取り止めて、和文で自己の来歴を書く現行のものに書き換えたようです。その文章によれば、寛永二十年十月十日に書き始めたのです。やはり漢文だと自分の思うようには書けない。序は漢文にするべきだという形式にとらわれず、権威という飾りも捨てて、より端的に真実を伝えようと、和語の自分の言葉だけで書くという覚悟を固めたのだと思います。

「天道と観世音を鏡として」とは、自分を超えたものの下で、自分が生涯に見出した道理を嘘偽りなく書きます、という宣言です。

この時、武蔵は六十二歳、自らの死がそう遠くないことを自覚していたと思います。実際、これから一年半後に亡くなるのです。そのことも考えると、『五輪書』によって武蔵が後世に遺そうとした心に思いを馳せながら、その内容を読むべきだと思います。

論理性が表れた構成

この序に続いて、「地の巻」の本論が始まりますが、条の並び方はきちんと構成されています。

第一～第三条では、「兵法とは何か」を説きます。武蔵はここで、兵法とは剣術だけに関わるものではなく、武士の生き方すべてにわたることを強調しています。第四条で

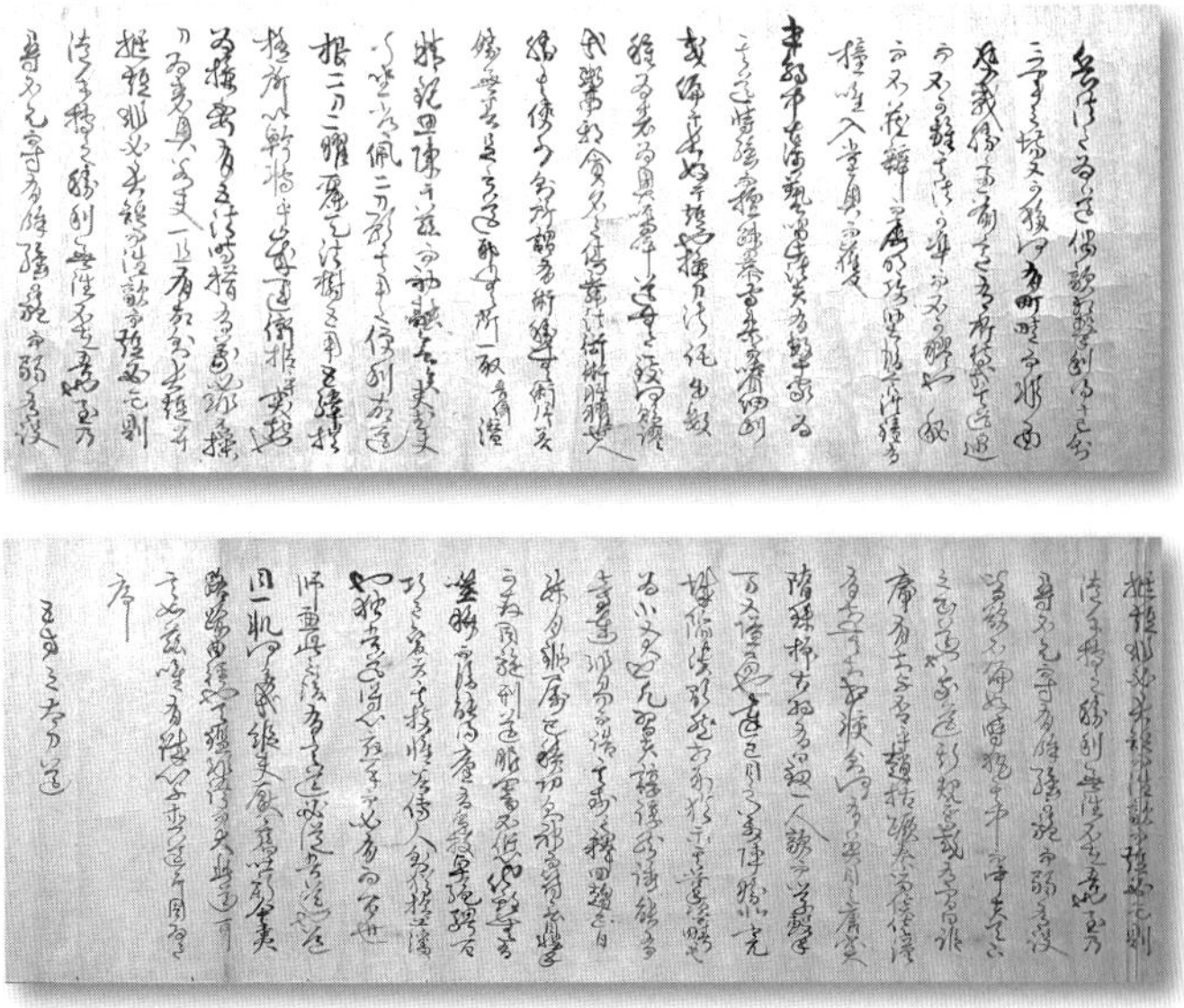

宮本武蔵筆『五方之太刀道』（熊本県立美術館所蔵）
武蔵自筆の伝がある漢文の序。武蔵の字体と一致し、
伝承や内容から『五輪書』の当初の序と考えられる

は「地・水・火・風・空」の各巻の名前の由来と、それぞれの概要を示し、第五〜第八条では、武士が心得るべきこととして、自らが二刀とする理由、さまざまな武具の長所・短所などを説明しています。そして結びでは、「道をおこなふ法」として九箇条を掲げ、兵法の道を学ぶ心意気を示すのです。

注目すべきことは、第四条で本書が五巻構成であることをあらかじめ示していることです。おそらく全巻を書き終えたあと、より理解しやすいように書き加えたのでしょう。近世以前の著作で、最初に全体の構成を明確に書いているものはほとんどありません。ここにも、武蔵の論理性と、その思想の体系性がよく表れていると言えるでしょう。

「地の巻」本論――「兵法」とは何か

では、「地の巻」の本論に入っていきましょう。先ほど全体の構成のところで触れたように、武蔵は「正しい道の地盤を固める」ことから「地の巻」と名付けました。最初に、兵法とは何かを定義しています。

武蔵によれば、兵法とは「武家の法」です。「武家の法」とは、武士の生き方を指します。生き方というからには、そこにはあらゆるものが含まれる。「兵法は剣術を指す場合もあるが、剣術だけでは兵法は分からない」という言い方をしています。

兵法という言葉を聞くと、中国の春秋時代の『孫子』[*12]に書かれた兵法を連想する方もいるでしょう。孫子の兵法と武蔵の兵法の違いは、集団としての軍隊のあり方を説くか、個人としての武士の生き方を説くかです。これは、中国の軍隊と日本の武士の違いとも言えます。たとえば元寇[*13]の時、元の軍隊が銅鑼《どら》を打ち鳴らして一斉に動くのに対して、日本の武士は一人一人が自ら名乗ってから戦いました。日本でも戦国時代には数万の軍勢になって状況は変わりますが、個々の武士集団の集合体でした。武蔵は合戦にも参陣した経験があり、合戦での戦い方についても述べてはいますが、それはあくまで個人である武士の戦い方を敷衍《ふえん》したものとなっています。

「武家の法」を説くにあたり、武蔵はまず、武士とは何かというところから話を始めます。社会の中には武士以外にもさまざまな人たちがいます。江戸時代の社会は、いわゆる士農工商という職分（役割）で分けられていましたが、その中で武士の位置づけを考えているのです。

武蔵の説く士・農・工・商それぞれの道は次のようなものです。

「農の道」――いろいろな道具を使い、四季転変に応じて農作物を作る。

「商《あきない》の道」――「酒をつくるもの」（当時の醸造業者は銀行家でもありました）はそれぞれの稼ぎ、その利益によって世を渡る。

「士の道」――さまざまな兵具をこしらえ、兵具それぞれの徳をわきまえる。

「工の道」――たとえば大工はさまざまな道具を巧みに作って、それらを使い、その技で世を渡る。

士農工商の順ではなく最初に農を挙げているのは、当時は農村人口が全体の八割以上を占め、人数として圧倒的に多かったからでしょう。農村では地主層が自治をしており、しっかりと社会を支えていました。士が農より上だという意識は、武蔵にはまったくないのです。一方、城下町を機能させるためには工や商が必要です。儒教的な考えでは、商人は人を偽って儲ける者として卑《いや》しまれますが、そのような職業観とも武蔵は無縁です。士農工商はすべて、それぞれに世の役割を担っている平等な職分であるととらえているのです。

では、そのような中で武士とは何かというと、それは「戦う者」です。もちろん江戸の幕藩体制が定着して、合戦がなくなった世では官僚のような役割にシフトしていましたが、士農工商という職分で考えれば、武士とはあくまで戦う者である。戦う者である限り、いろいろな武器に精通し、戦いに備えなければならない。こうして本質となる原理原則から話を始めるところにも、武蔵の思考の徹底性を見ることができます。

「今、世の中に兵法の道、慥《たしか》にわきまへたる武士なし」。武蔵は、この当時の武士たちに対し、大いに危機感を抱いていたようです。たとえば「大形《おおかた》武士の思ふ心をはかるに、武士は、只《ただ》死ぬると云《いう》道を嗜事《たしなむ》と覚ゆるほどの儀也（およそ今の武士が思う心を推しはかるに、武士はただ死ぬ覚悟を心掛けるのが道だと思っているようである）」と述べています。現実の合戦経験がない若い武士たちに、そうした傾向が見られたのでしょう。実戦の経験がなければ、戦いを観念的にとらえ、死の覚悟ばかりを強調するようになります。実際、『五輪書』のおよそ七十年後に書かれた『葉隠《はがくれ》』*14には、「武士道と云《いう》は、死ぬ事と見付《みつけ》たり」と記されています。ところが武蔵は、義理のため、あるいは恥を思って自ら死を選ぶことは、僧侶でも女性でも百姓でも「其《その》差別なきもの」であると言います。『五輪書』を書き始める五年前に起きた島原の乱*15で死んでいった女性や農民の姿を目にしたことが影響していたのかもしれませんが、死の覚悟は武士に特有のものではないと喝破《かっぱ》しているのです。武蔵は、僧侶も、女性も、農民も、みな同等に見るリアリストでした。同じように、士農工商という観念にとらわれたり、武士を特別視する身分観とも無縁だったのです。

大将と士卒の兵法

一口に武士と言っても、大将と士卒ではそのあり方は大きく異なります。そこで武蔵は、大工の棟梁《とうりょう》と平大工に喩《たと》えて、それぞれのあり方を説いています。

大工の比喩を用いたのには理由が考えられます。一つは、大工は武蔵がよく知る職業であったこと。当時は、大規模な城下町が盛んに建設され、御所の造営や戦乱で焼かれた神社仏閣などが再建され建設されていた時代で、各地に大工の職人集団がありました。姫路の本多家[*16]の客分だった時に、明石の城下町建設にも関係した武蔵は、大工の仕事を間近に見ていたことでしょう。また、諸職《しょしき》の道でも特に実力が大きくものを言う大工に、武士として近しいものを感じていたと思われます。

もう一つの理由は、自身の考えを直截《ちょくせつ》に記すことを避けるためです。一介の武士である自分が大将のあり方まで論じるのは、おこがましいと思ったのかもしれません。また武蔵は、たとえ士卒であっても、実力をもってすれば大将にもなれるという考えを持っていました。しかし、下剋上の気風を徹底的に抑えようと警戒する江戸幕府の監視の下では、そうした戦国武士の気概を表立って語ることは危険でした。そこで大工に喩えて、平大工も技を磨けば棟梁になれると言うことで、自身の考えを暗に語ったのです。

では、大将と士卒のあり方とは具体的にどのようなものか。まず大将について述べています。大工の棟梁が「かね」[*17]（規矩・規範）をわきまえて、大勢の大工を使って家を建てるように、大将たる者は、天下のかねをわきまえ、その国のかねを正し、その家を治めるべきかねを知っていなければならない。棟梁は、まずどのような木をどう使うのか、さまざまな材木をそれぞれの特質に合わせて、芯の柱、表の柱、裏の柱とし、敷居・鴨居・戸・障子などへと「木《き》くばり」しなければならない。また大工たちの力量を見分けて仕事を割り振り、宮殿・楼閣などを建設する事業が全体としてうまくはかどるようにする。

大将も同じことで、合戦においては士卒それぞれの器量を見極め、それにふさわしい持ち場を与えなければなりません。戦場では弱いところから攻められますから、どういう実力の人をどこに配置するかは非常に重要になります。これは国を治める場合も同じです。どんな事業でも、臣下の力量を見て、適材適所で進めることが大事であると武蔵は説いています。このように大将が行うのが「大分《だいぶん》の兵法」です。

対して士卒は、平大工に喩えられます。平大工は道具を持って、棟梁の指図に従ってさまざまな仕事をし、常日頃から道具を研ぎ、どんな物でも手際よく作れるように技を磨いておかなければならない。この比喩により、士卒は日頃から太刀をはじめとする武具に親しみ、鍛練を重ね、武術の技を磨いておかなければならないことを示しています。このように個々の武士が行うものが「一分《いちぶん》の兵法」です。

そして武蔵は、「大工のわざ、手にかけて能《よく》しおぼへ、すみかねをよくしれば、後は、棟梁となる物也（大工の技を手でよく覚え、建て方をよく知るならば、後には棟梁となるものである）」と述べます。これは先ほど言ったように、平大工も技に熟達し、建物を建てる法をよく知れば、後には棟梁になれるということ。その暗に示すところは、士卒でも技を磨き、勝つべき道理をよく知れば、大将にもなれるという戦国武士の精神です。

武士の本分

ここまで述べた上で、武蔵は、大将にも士卒にも通じる「武士の本分」を説きます。

武士の兵法をおこなふ道は、何事におゐても人にすぐる所を本とし、或は一身の切合《きりあい》にかち、或は数人の戦に勝、主君の為、我身の為、名をあげ、身をたてんと思ふ。

（武士が兵法を行う道は、何事においても人より優れていることを根本として、あるいは一人で行う切り合いに勝ち、あるいは数人の戦いに勝ち、主君のため、自分のために、名を上げ、身を立てようと思うことであり、これも兵法のすぐれた力によって得られるものである。）

武士の本分はすべてにおいて人に優れること、すなわち人に勝つことだと武蔵は言います。家格などといったものは関係なく、実力があれば、それによって戦いに勝ち、名を上げ、身を立てることができるのです。また「主君の為」とは言いながらも、すぐ次に「我身の為」が続くところに、個の武士の実力を基本に置く武蔵の考えがよく表れています。

武蔵は続けて、兵法の道というものは、実戦で役立つことを第一に考えなければいけないと説きます。いくら兵法の道を学んでも、実際の合戦には役立たないのではないかと言う人もいるかもしれない。そうであればなおさら、「何時にても、役にたつやうに稽古し、万事に至り役にたつやうにおしゆる事、是兵法の実の道也」と言うのです。

実戦で役立つことを何度も強調する背景には、先ほども触れたように、世の中から合戦がなくなっていたという現実があります。武蔵が『五輪書』を書き始めたのが一六四三（寛永二十）年。その前の大きな合戦は、一六一五（元和元）年の大坂夏の陣です。その間約三十年。つまり、『五輪書』が書かれた時点で大名や家老であった人たちの多くは、合戦を知らない世代なのです。武蔵は大坂夏の陣にも参陣していて、言わば合戦を知る最後の世代です。この違いは非常に重要です。合戦がなくなり、武者修行における命がけの勝負もだんだんと少なくなり、剣術は道場稽古のみになってしまった。しかし、いくら道場で勝てるようになったとしても、実際の合戦となれば一対一で戦うとは限らず、戦う場も板の間ということはあり得ません。そんな道場稽古だけで勝ちを得ようとするのは「なま《生》へいほう《兵法》大疵《おおきず》のもと」*18だと武蔵は批判しています。戦いを知らない当時の武士たちに大きな危惧《きぐ》の念を抱きながら、武蔵は武士たる者のあるべき姿を説こうとしていたのです。

二刀とする理由

宮本武蔵と言えば二刀流を思い浮かべる方も多いかと思います。武蔵によれば、兵法の道は「武家の法」全体に関わるものであり、とりわけ剣術を核とすると言います。そこで武蔵は、第五条において、なぜ自らの剣術の流派を「二刀一流」と名乗るのか、なぜ二刀を使った稽古をするのか、同時になぜ二刀にこだわらないか、を論じています。

実は武蔵は直前の『兵法三十五箇条』でも「二刀一流」と名乗っていましたが、『五輪書』を書く段階、それも仕上げる段階で「二天一流」に改めたようです。『五方之太刀道』で「二刀」を「二曜ハ天ニ麗ケリ」（日と月の二つの星が天に輝くようなものの意味）と書いていたので、即物的な「二刀」に替えて、普遍的な「道」にかなった「二天」に替えたと考えられます（水墨画などでの署名は「二天」）。それで「地の巻」、「水の巻」は「二天一流」に改めたが、ここは二刀の理由づけなので、「二刀一流」のままだったと考えられます。後に述べますが、「火の巻」以降も「二刀一流」のままで書き換えが進んでいなかったようです。

二刀と云出す所、武士は将卒ともにぢきに二刀を腰に付る役也。（略）**此二つの利をしらしめんために、二刀一流と云なり。**（略）**一流の道、初心のものにおゐて、太刀・刀両手に持て、道を仕習ふ事、実《まこと》の所也。一命を捨《すつ》る時は、道具を残さず役にたてたきもの也。道具を役にたてず腰に納めて死する事、本意に有べからず。**

（二刀と言い出すのは、武士は大将も士卒もともに腰に二刀を帯びるのが役目だからである。〈略〉この二刀を持つ利点を知らせるために、二刀一流と言うのである。〈略〉わが流の道では、初心の者は、両手に太刀と短刀を持って稽古することが正しいやり方である。命を捨てる時には、使える武具を残さず役に立てたいものである。せっかくの武具を役に立てずに腰に着けたまま死ぬのは不本意である。）

命を賭けて戦うのだから「使えるものはすべて使おう」というところに、徹底したリアリストの武蔵らしさがよく表れていると言えます。

剣術では太刀を両手で持って遣《つか》うのが普通です。けれども武蔵はそもそも太刀や脇差は片手で遣う道具であると言います。確かに実戦の場面を考えてみると、両手で太刀を持てない、あるいは持ったら危ない場合が数多くあります。たとえば馬に乗った場合。片手は手綱を握るわけですから、太刀はもう片方の手で振ることになります。あるいは走る時も、両手で太刀を持っていては走りづらい。沼、深田、石原、険しい坂道、人ごみなどで戦う場合、また片手に弓や鑓《やり》を持つ場合なども、片手で太刀を遣わなければなりません。このように、武蔵は実戦のあらゆる場面を想定した上で、太刀は片手で遣えなければならないと言っているのです。

しかし、片手で太刀を遣えるようになるには訓練が必要です。そのため、稽古の時には二刀をそれぞれの手に持ち、片手で振ることに慣れるようにする。そのために二刀流とすると言うのです。

片手に慣れるのが二刀の主眼ですから、実戦でも必ず二刀を使わなければならないというわけではありません。「若《も》し片手にて打ころしがたき時は、両手にても打ちとむべし」

と言うように、片手では不十分な場合には両手で太刀を持って仕留めればよいのです。二刀を持った方がよいのは、大勢と戦う時や、屋内に立て籠もった敵に対する場合などだが、このようなことは一々書くまでもない。「一を以て万を知るべし」と武蔵は言います。

このように武蔵は、二刀流と言っても〝二刀にこだわらない二刀流〟なのです。ここに、武蔵の思考の柔軟性がよく表れています。形を踏襲することが目的なのではない。目的はあくまで勝つことです。二刀流といっても、二刀で戦うことが不利な場面であれば、片方を投げて一刀で戦えばよいのです。大事なことは、自分にいちばん有利な形で戦うということ。そのため、あらゆる場面において勝てるように、合理的、実戦的であれというのが、武蔵の剣術を貫く思想です。

さまざまな武具の利

剣術が核になるとはいえ、「兵法」と言うからには、剣術だけにとどまるものではありません。武士であれば、太刀以外のさまざまな武具についても、その利点と使うべき場面をはっきり知っていなければならないと武蔵は言います。

先ほど士農工商の中で、さまざまな兵具を作り、兵具それぞれの利点をわきまえることが武士の心得だと言ったように、武士であれば、剣だけでなく、あらゆる「武道具《いくさ》」の特徴を知り、それらを遣い慣れていなければなりません。武蔵は「武具の利」の条で、脇差、太刀、長刀《なぎなた》、鑓《やり》、弓、鉄砲のそれぞれの長所と欠点、使うべき場面などを簡潔に論じています。

脇差は、狭い場所や敵の身に接近した時に利がある。太刀は、どのようなところであってもだいたい役立つ。鑓と長刀は「戦場の道具」であり、合戦の場では大事な武具だが、狭く詰まった場所では、長くて使いにくく、その利は少ないと武蔵は言います。弓は、合戦では駆け引きにも使い、鑓の部隊の脇に弓の部隊を置いて素早く使えるものであるから、平地の合戦などでは役立つが、城攻めの時や、敵が二十間（約三六メートル）を超える距離にいる時は役に立たない。鉄砲は、城郭の内から攻めるにはこれ以上の武器はないが、戦いが始まると不足である（当時の火縄銃*19は、正確に狙える距離は一五〇メートルほどで、玉込めに時間がかかったからです）。馬は、手綱さばきに敏感に応えて癖のないことが大事である――と、こんな具合です。

そして、これらの武具について特別な好き嫌いがあるのはよいことではなく、すべて、自分の心と手に合うようにしておくことが肝要である、と武蔵は結んでいます。

剣術を核とする理由

兵法の道は、これらすべての武具に関係するものですが、その中でもとりわけ剣術を「兵法」と言うのには、やはり理由があります。

世間では、弓、鉄砲、鑓、長刀などを遣う者は、射手《いて》、鉄砲撃《う》ち、鑓遣い、長刀遣いなどと個別の名前で呼ぶのに対し、太刀を遣う者については、太刀遣いと呼ばず「兵法者」と言っている。これは、「太刀の徳よりして、世を治《おさめ》、身をおさむる事なれば、太刀は兵法のおこる所」であるからだ、と武蔵は言います。太刀は昔から武士の最も基本とする武具で、世を治める武力のシンボルであり、かつ常に身に帯びる武士の象徴だということです。武士であればあらゆる武具を遣えなければならない。しかし、いちばんの基本となるのは、やはり太刀なのです。

武蔵は、太刀遣いに習熟すれば、「一人して十人にかならず勝事也。一人にして十人に勝なれば、百人して千人に勝、千人にして万人に勝」つこともできると言います。自分の流儀は、一人に勝つのも万人に勝つのも同じことを目指すのだと言うのです。

兵法における拍子

武蔵は『五輪書』において、兵法の道を他の諸芸諸能の道とよく比較していますが、中でも「拍子《ひょうし》」つまりリズムについては、兵法の道が他とは異なるところが多くあります。諸芸諸能の道においては、まわりと合うことを拍子の基本としていますが、兵法においては、敵と「あふ拍子」を知るとともに、敵の意表を衝《つ》く「ちがふ拍子」を知らなければならない。また、大小・遅速の中で「あたる拍子」「間《ま》の拍子」「背《そむ》く拍子」を知る必要もある。そして、それぞれの敵の拍子を知って、敵が思いもしないリズムで勝ちを得るのが兵法における拍子だとしています。こうした兵法の拍子について、「鍛練なくては及《およ》びがたき所也」としているのも、実践を重んじる武蔵らしさが表れているところです。

兵法の道を学ぶ心がけ

「地の巻」の最後に、武蔵は兵法の道を学ぶ上での心がけを九箇条にまとめて掲げています。

第一に、よこしまなき事を思ふ所、

第二に、道の鍛練する所、
第三に、諸芸にさはる所、
第四に、諸職《しき》の道を知る事、
第五に、物毎《ものごと》の損徳《そんとく》をわきまゆる事、
第六に、諸事目利《めきき》を仕覚《しおぼゆ》る事、
第七に、目に見えぬ所をさとつてしる事、
第八に、わづかなる事にも気を付る事、
第九に、役にたゝぬ事をせざる事、

（第一に、邪《よこしま》ではないことを思う所、
第二に、道を鍛練する所、
第三に、広く諸芸にも触れる所、
第四に、諸々の職業の道を知ること、
第五に、物ごとの損得を弁えること、
第六に、諸事の真価を見抜くこと、
第七に、目に見えないところを覚《さと》って知ること、

第八に、わずかな事にも気をつけること、
第九に、役に立たないことをしないこと、）

最初の「よこしまなき事を思ふ所」というのは、ずるいことを考えないということです。何か秘策があれば常に勝てるなどといったことはあり得ない。だから、きちんと「道の鍛練」をする。これが根本の姿勢なのです。

「諸芸にさはる所」「諸職の道を知る事」というのは、兵法以外の道にも通じ、武士以外の職業など広く社会のことを知らなければならないということです。

広く知ると同時に、「物毎の損徳をわきまゆる事」というのですから、きちんと自分の基準というものを持って、自分の役に立つか立たないかを見抜かなければいけない。「諸事目利を仕覚る」というのは、あらゆる事について本物と偽物を見分ける目を持ち、真価を見極めることです。

「目に見えぬ所をさとつてしる事」「わづかなる事にも気を付る事」とは、目に見えない所を覚り、わずかな変化や違いに注意深くあること。こうしたことがきちんとできるかどうかが、まさに一流と二流の違いだと言えるでしょう。

そして最後に、役に立たないことはしない。これを実践するのはなかなか難しいことですが、重要なことです。道を極めるには、いろいろなことに手を出すのではなく、一事に専念する。武蔵は、広い視野を持ちながら、自分の道というものをきちんと踏まえています。これはおそらく、今日においても、あらゆる道を極めていくための極意だと言えるでしょう。

加えて武蔵は、「兵法の道」を追求する心意気を次のように述べています。

先づ、気に兵法をたえさず、直《すぐ》なる道を勤《つとめ》ては、手にて打勝、目に見る事も人にかち、又鍛練をもつて惣体《そうたい》自由なれば、身にても人にかち、又此道に馴《なれ》たる心なれば、心をもつても人に勝《かつ》。此所に至ては、いかにとして、人にまくる道あらんや。又大きなる兵法にしては、善人《よきひと》を持事にかち、人数《にんじゅ》をつかふ事に勝ち、身をただしくおこなふ道にかち、国を治る事にかち、民をやしなふ事にかち、世の例法をおこなひかち、いづれの道においても、人にまけざる所をしりて、身をたすけ、名をたすくる所、是兵法の道也。

（まず心に兵法を絶やさず、正しい道を勤めていけば、手で打ち勝ち、目に見ることでも人に勝ち、また鍛練によって全身が自由なので、身でも人に勝ち、又この道に慣れ親しんだ心であるから、心でも人に勝つ。ここに至っては、どうして人に負ける道があろうか。

また〔大将の〕大なる兵法においては、優れた人材を持つことに勝ち、配下の大勢を使うことに勝ち、身を正しく行う道に勝ち、国を治めることに勝ち、民を養うことに勝ち、世のしきたりを行うことに勝ち、いずれの道においても人に負けないところを知って、身を立て、名を上げるというのが、兵法の道である。)

武蔵にとって、「武士の精神」とは死の覚悟などではなく、あくまで「すべてにおいて勝つこと」でした。勝ち続けて、身を立て、名を上げる。そのようにして最も優れたものになろうとする意識こそが、兵法の道、すなわち武士の精神なのです。

では優れたものになるためにはどうすればよいのか？——そのために自己を磨く鍛練の道が、次に扱う「水の巻」に記されています。

＊1　細川家本
旧熊本藩主・細川家に伝来した文化財を保管する永青文庫の所蔵だが、『五輪書』写本は大正年間の収蔵。多くの『五輪書』公刊書の底本となっているが、諸写本と比べると、書写の際の欠落が五箇所百十五字ある他、空白・誤字・脱字等も見られる。

＊2　校訂本文
魚住孝至『定本　五輪書』（新人物往来社、二〇〇五年）参照。原文の主要部分の現代語訳は、魚住孝至『ビギナーズ日本の思想　宮本武蔵「五輪書」』（角川ソフィア文庫、二〇一二年）参照。

＊3　武蔵の出自
詳しい資料と論拠は、魚住孝至『宮本武蔵――日本人の道』（ぺりかん社、二〇〇二年）参照。

＊4　関ヶ原合戦
豊臣秀吉の死後、五大老の筆頭で実権を握ろうとした徳川家康に対して、石田三成らが兵を挙げ、一六〇〇年、関ヶ原で両軍が戦った。徳川方が勝利し、徳川氏の覇権が確立したので、「天下分け目の戦い」と呼ばれた。

＊5　牢人
江戸時代前期に、主家を離れ所領や家禄を失った武士は「牢人」と呼ばれた。江戸中期以降は、「牢」の字が嫌われて「浪人」が一般的な表記となった。

＊6　吉岡一門
京都の兵法家・吉岡憲法が創設し、足利将軍家の兵法師範を務めた名門流派。武蔵との戦いに敗れて、吉岡兵法の家は絶えたと小倉碑文に書かれているが、詳細は不明。

＊7　巌流の小次郎
?～一六一〇。江戸初頭の剣術家。史料が少なく実像不明。巌（岩）流と称していたが、江戸

後期の武蔵の伝記『二天記』によって佐々木小次郎という名が流布した（第4章参照）。

＊8　大坂夏の陣

一六一四年の冬の陣では一旦和議が成立したが、家康が大坂城の内堀を埋め、豊臣秀頼の転封を強要したため、一六一五年夏、戦闘再開。秀頼と淀殿が自害し、豊臣氏は滅亡した。

＊9　客分

当時武芸や諸芸の達人たちは、大名や家臣たちにその道の指導をするために、客として厚遇されていた。

＊10　『文選』

中国六朝時代の梁の昭明太子（五〇一～五三一）が編纂した、周から梁まで約千年間にわたる詩文の選集。

＊11　『史記』

前漢の歴史家・司馬遷（前一四五／前一三五？～前八六頃）が書いた。伝説の五帝から前漢の武帝に至る中国初の通史。全百三十巻。

＊12　『孫子』

春秋時代の兵家の孫武（生没年不詳）による兵法書。戦略のみならず、人間への洞察から生まれた国家論、組織論へつながる思想書。

＊13　元寇

鎌倉中期の一二七四年（文永の役）と一二八一年（弘安の役）に、中国に侵入し支配した元の軍勢が九州北部に来襲。文永の役で元軍は火薬を利用した武器や集団戦法で攻め、一騎打ちで応戦する日本軍は苦戦した。弘安の役では約四千四百艘もの大船団が押し寄せたが、防塁を使って九州の武士が奮戦し、さらに暴風雨によって船団の多くが沈没、元軍は退却した。

＊14 『葉隠』
一七一六年頃成立。佐賀鍋島藩士の山本常朝が口述し田代陣基《つらもと》が筆録した武士道書。全十一巻。

＊15 島原の乱
一六三七年から翌年にかけ、大名によるキリシタン弾圧や過酷な収奪に苦しむ島原（長崎県）と天草（熊本県）の農民・牢人らが天草四郎時貞を中心に蜂起。約三万七千人が原城跡（南島原市南有馬町）に立て籠もったが、幕府や九州諸藩の十二万の兵力により制圧され、皆殺しされた。

＊16 姫路の本多家
一六一七年、池田輝政の後継ぎが没したので池田家は転封され、播磨国は分割され、姫路には徳川四天王のひとり本多忠勝の子・忠政が十五万石で、隣の明石には家康外孫の小笠原忠真が十万石で入封。武蔵は忠政の後継ぎの忠刻や藩士を指導し、姫路藩に武蔵の円明流が広まった。武蔵の一人目の養子・三木之助も忠刻の下に出仕したが、九年後主君病没に殉死。その後、武蔵は明石の小笠原家の客分に移る。

＊17 かね
建築に用いるL字型をしたものさし「曲尺《かねじゃく》」のことだが、大工仕事に使う具体的な道具を、基準となるもの、規矩・規範にたとえた言葉。

＊18 「なまへいほう大疵のもと」
現在では「生兵法《なまびょうほう》は大怪我の基」として、生半可な知識や技術は、かえって大失敗のもとになるということわざになっている。

＊19 火縄銃
十五世紀後半にヨーロッパで実用化された、火縄式点火装置のついた銃。筒の先端から火薬と玉を込め、引金を引くと、火縄が火皿に盛った起爆薬に点火して玉を発射する。十六世紀中葉に日本に伝来して国産化され、合戦に大量に使用されて、日本の統一を促した。

第2章——自己を磨く鍛錬の道

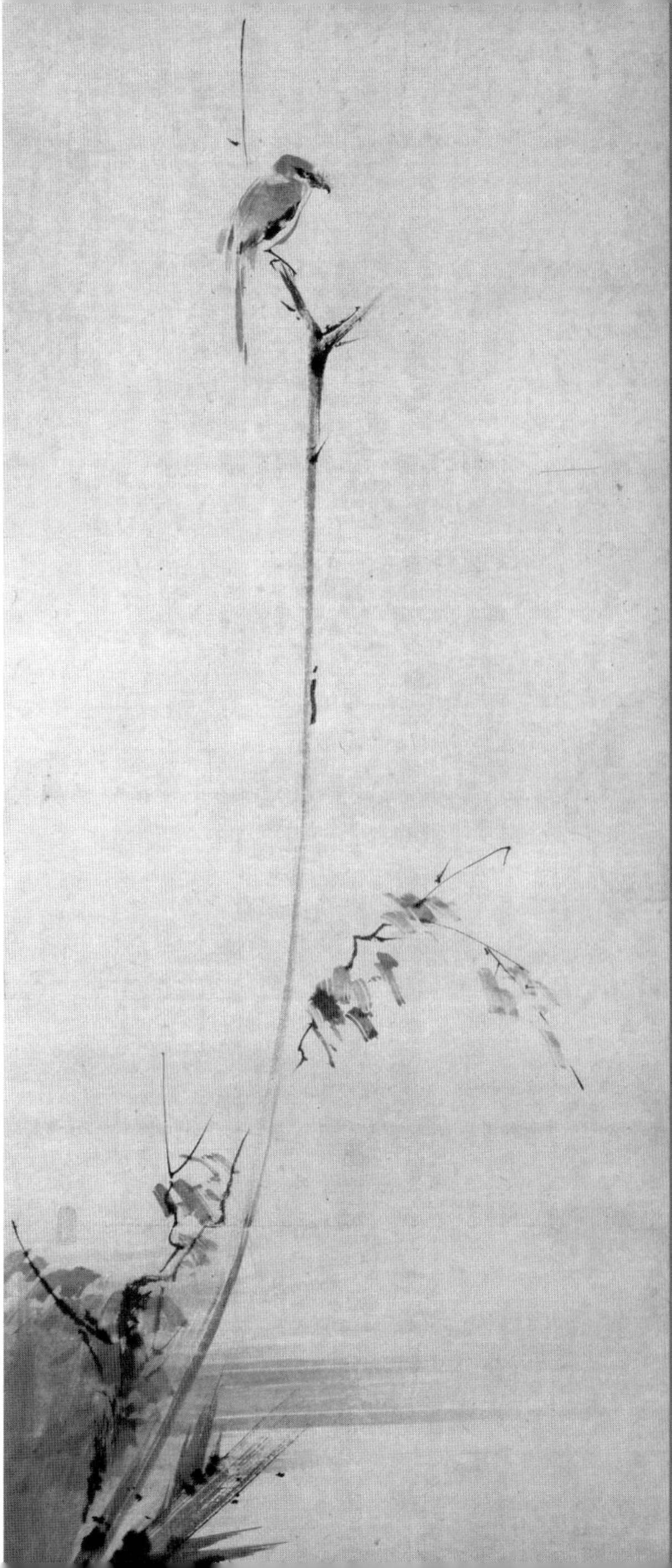

「水の巻」の構成

「水の巻」に書かれているのは剣術の鍛練法です。剣術は兵法の道の核であり、さまざまに応用されていきます。そのあり様を、武蔵は、水が器によって形を変え、一滴ともなり、大海ともなることになぞらえて「水の巻」と名付けたのです。

「水の巻」の全体の構成を見ておきましょう。まず巻の冒頭において、武蔵は、この巻を読む際の注意を書いています。「水の巻」は三十六箇条から成っていますが、三つのまとまりに分かれます。第一～第五条では、心の持ち様や姿勢など、術の基礎となることを論じます。第六～第十三条では、太刀の構え方と太刀遣いの原理、そして稽古法を示します。第十四～第三十六条では、敵と打ち合う際の実戦的な心得をまとめています。

自分で試し工夫する――実技書の読み方

それでは内容を見ていきましょう。武蔵は「水の巻」の冒頭に、「此道いづれもこまやかに、心の儘《まま》には、かきわけがたし」と書いています。長年の鍛練の中で磨いてきた術を、言葉で書き表し難いことは承知している。けれども書く以上は、言葉を選び抜いて書く。したがって、読む者もいい加減に読んでいては間違ってしまうから、「一こと〳〵《ひとこと》、一字〳〵《いちじ》にて思案すべし」。一字一句おろそかにせずよく考えて読むようにということです。加えて、次のように注意を促します。

此書付ばかりを見て、兵法の道には及事にあらず。此書にかき付たるを、我身にとつて書付を、見るとおもはず、ならふとおもはず、にせ物にせずして、則《すなわち》我心より見出したる利にして、常に其身になつて、能々《よくよく》工夫すべし。

（この書付だけを見て、兵法の道が分かるはずがない。この書に書きつけた事柄を、自分のために書きつけられたものだと思って、見ると思わず、習うと思わず、真似るのでもなく、自分の心から見出した理法だと思って、常にその身になって、よくよく工夫すべきである。）

要するに、ここに書いてあることは、自分自身が見出したこととして、試してみて、その技とからだの感覚を探り、武蔵が表現しようとしたことを直にとらえよ、ということです。これは、実技について書かれたもののすべてに共通する教えであり、武蔵が言葉で伝えられることの限界を自覚していたと言うこともできるでしょう。

実際、この「水の巻」でも、武蔵は、「能々《よくよく》工夫すべし」「能々吟味すべし」といった言葉を繰り返し使っています。自分でやってみなさい、自分でよく考えなさいということで、今日でも広く通用する実技書の読み方のコツだと言えるでしょう。野球などのスポーツにしても、茶の湯などの芸事にしても、本に書いてあることを読むだけではだめで、自分で考え自分のからだで試してはじめて、どういうことかが分かるのです。

剣術の技の基礎

「水の巻」は、術の基礎となることを「心持（心の持ち方）」「兵法の身なり（姿勢）」「目付《めつけ》（目の付け方）」などの観点から詳しく論じています。

他の流派の剣術伝書において、記述の中心となるのは、数多くある技のやり方の解説です。対して武蔵は、術の基礎を非常に重視しています。心の持ち方、身構え、目付、刀の持ち方、足遣いなど技の基礎を詳しく書いている。このことは、武蔵の思考法の特徴をよく示しています。実戦の場では、少しでも隙《すき》があれば敵に攻められるのは必定です。基礎がきちんとしていなければ、どんなに技術を積み重ねても意味がない。確実に勝てる道理を追求するためには、術の基礎から徹底的に考える必要があるのです。

と見えているようによく鍛練しなければならないのです。これは、私たちの日ごろの仕事などにも通じる考え方でしょう。

このように武蔵は、剣術の基礎を、からだの細部のあり様に至るまで丁寧に分析し、書き記しています。からだの基礎ができていないと、いくら太刀遣いを稽古しても上達はありえません。そして、基礎は戦いの場で急にできることではないので、日常から鍛練することが重要だと強調しています。術の基礎とその重要性を、ここまで具体的、かつ的確に表現している書をほかには知りません。そして、それらは、自らの体験に基づいて、からだに即して具体的に書かれているがゆえに、今日でもそのまま通じる教えなのです。

「生る手、死ぬる手」

ここまで書いてようやく、武蔵は太刀の持ち方の解説に入ります。

太刀のとりやうは、大指・ひとさし《人指》を浮《う》くる心にもち、たけ高指しめずゆるまず、くすしゆび《薬指》・小指をしむる心にして持也。手の内には、くつろぎのある事悪《あし》し。敵をきるものなりとおもひて、太刀をとるべし。（略）

惣而《そうじて》太刀にても手にても、いつく《居付》といふ事をきらふ。いつくは、しぬる《死》手也。いつかざるは、いきる《生》手也。能々心得べきもの也。

（太刀の持ち方は、親指と人差し指を浮かせる心持で持ち、中指は締めず緩まず、薬指と小指を締めるようにして持つ。〔太刀を持つ〕手の内に、緩みがあるのはだめである。敵を切るものと思って、太刀を取るべきである。〈略〉

総じて太刀でも手でも、居付くということを嫌う。居付く手は、死んだ手である。居付かない手が、生きた手である。よくよく心得るべきものである。）

親指と人差し指に力が入ると、腕の上側の筋肉が働いて肩に力が入り、太刀を当てるやり方になってしまい、うまく切れません。これに対して小指を締めると、腕の下側の筋肉が働いて、振る時にもおのずと手許に引くようになり、太刀は曲線的な薙《な》ぐ動きになり、切ることができます。これらは、身体の機能にも合った、理にかなった教えだと言えます。

興味深いことに、武蔵は手のあり様、からだのあり様を、「生きる」「死ぬ」という言葉で説明しています。「いつく」は居付くで、動きが止まり滞ることです。それを「死ぬる」、対して居付かず、動けることを「生きる」と言うのです。

『兵法三十五箇条』ではより明確に、「切る事をわすれて居付《いつく》手、是れ『死ぬる』と云也。『生《いき》る』と云は、いつとなく、太刀も手も出合《であい》やすく、かたまらずして、切り能《よ》き様に、やすらかなる」ことだと説明しています。手の筋肉が「かたまらず」「やすらかなる」状態であってこそ、次の瞬間、即座にどのようにでも動くことができるのです。

このことは、手だけでなく、からだ全体にも言えることです。姿勢のところで武蔵が説いた偏りのない全身一体である身構えも、「かたまらずして、切り能き様に、やすらか」で、次の瞬間にどのようにでも動き得る体勢です。たとえば、相手が打ちかかってきたら、自分はまずその攻撃を受け止めます。しかし、受けたところで止まってしまっては駄目なのです。受けると同時に、そのまま次の攻めに移らなければならない。それができるのが「生きた」からだです。そのようなからだであるためにはどうあるべきか、「いつく」ことがなく、生きたようにするにはどうすればよいか。そのために武蔵は、先に見たように、からだのあり様を具体的に丹念に説いていたのです。

五方に集約される「構え」

術の基礎に続いて、武蔵は太刀遣いの原理と、その稽古法について書いています。まずは太刀の構えについて次のように書きます。

五方《ごほう》のかまへは、上段、中段、下段、右のわきにかまゆる事、左のわきにかまゆる事、是五方也。

構五つにわかつといへども、皆人《みな》をきらん為也。構五つより外はなし。いづれのかまへなりとも、かまゆるとおもはず、きる事なりとおもふべし。

（五方の構えは、上段、中段、下段、右脇、左脇に構える、この五方である。構えを五つに分けるといっても、みな人を切るためである。構えは五つより他はない。いずれの構えであっても、構えると思わず、切るためだと思うべきである。）

構えというものは、実際には敵や状況によって無限にあると言えます。しかし武蔵は、太刀を構える位置から考えれば、構えはここに挙げた五方に集約されるとしました。上段・中段・下段が基本で、左脇・右脇は、上や脇の一方が詰まった場所での構えです。なかでも、「構のきわまりは中段」だと心得ることが大事だと述べます。中段は大将の構えで、あとの四つはそれに付随するものである。それ以外はバリエーションとし

五方の構え

下段

上段

中段

右脇

左脇

〔演武:山東系二天一流 米原亀生師範〕

て考える。しかも、構えると言っても、目的はあくまでも敵を切ることです。いずれの構えでも、構えると思わず、敵を切るためと思って構えよ、と武蔵は記しています。構えにとらわれてはならないことについては、このあとの「有構無構《うこうむこう》のおしへ」のところで詳しく解説したいと思います。

自らの感覚で「太刀の道」をつかむ

構えができたら、次は太刀遣いです。要約すれば、太刀は常に「太刀の道」に即するように遣えと説明します。

太刀の道を知と云は、常に我さす刀をゆび二つにてふる時も、道すじ能《よく》しりては、自由にふるもの也。太刀をはやく振《ふら》んとするによつて、太刀の道さか《逆》ひてふりがたし。太刀はふりよき程に静にふる心也。

（太刀の道を知るというのは、常に自分が差している太刀を、〔薬指と小指を締めて〕指二本で振るとしても、太刀の道筋をよく知れば自由に振ることができるものである。太刀を速く振ろうとするから、太刀の道筋に逆らうことになり振ることが難しいのである。太太刀は振りやすいように静かに振ればよい。)

太刀を振るのには、その都度の構えから最も振りやすい方向と道筋があり、ちょうどよい速さ、ちょうどよい強さがあり、途切れることなくつながっていく動きの流れがある。そのような動きで、敵を最も無理なく自然に切ることができる太刀筋が「太刀の道」です。このことに続いて武蔵は「太刀を打さげては、あげよき道へあげ、横にふりてはよこにもどりよき道へもどし」と言います。太刀の道は、それぞれの人が振った時の感覚でつかむべきものです。太刀を振る度ごとに、自分のからだの感覚を研ぎ澄ませながら、より無理なくスムーズに動けて敵を切れる道筋を見出せるように稽古を積み重ねる。そして、徐々に技量を高めていかなければならないのです。

そもそも太刀は長くて重い武具なので、扇や小刀、あるいは竹刀《しない》などとは違って、肘《ひじ》より先で振り回すことはできない、と武蔵は言います。しかも太刀は、当てるのではなく、切るものです。当てるだけでなく、同時に引く、あるいは押す動きがないと切れない。刃筋を立てた、つながった薙《な》ぐ動きでなければならないのです。

また、太刀には反《そ》りがあり、刃筋の向きに、しかも切先《きっさき》から十センチ程の物打《ものうち》の部分に最も力が働くように作られています。重い刀を大きく振れば、振った方向へ加速度がついてより大きな力が生じます。太刀を振る時には、この太刀に生じる力に逆らわず、それを利用するようにすればよいのです。

「太刀の道」を太刀の振り方の原理にするということは、むやみに太刀を振り回すのではなく、その都度の敵に応じて、究極的にはただ一つに極まるはずの太刀筋を求めていくということになります。このような太刀の道を知り、それに即した太刀遣いを身に付けるための稽古法として武蔵がまとめたのが、「五つのおもて」です。

「五つのおもて」――二天一流の形《かた》

日本の剣術では、二人一組で、一方（打太刀《うちだち》）が打ち込んでくるのに対して、他方（仕太刀）がいかに応じ、いかに勝つかのやり方を決めた形《かた》が稽古されています。決まった形を繰り返し稽古する中で、太刀の遣い方、相手の打ちに対する応じ方、勝ち方を学んでいくので、その形は、流派の教えの中心として大事にされています。

武蔵の二天一流が教える五本の形が「五つのおもて」です。打太刀は一刀で、仕太刀が二刀です。五本の形の構えは「五方の構え」に即していて、第一は中段、第二は上段、第三は下段、第四は左脇、第五は右脇の構えからの太刀遣いです。

ただ『五輪書』の「五つのおもて」には、構え方についての具体的な記述はありません。右手に持つ太刀の遣い方を書いているだけで、左手に持つ小太刀の遣い方も、また敵（打太刀）との関わり合いも書いていないため、これだけ読んでも、形の実際のやり方はよく分かりません。武蔵自身も「惣別《そうべつ》、此五つのおもて書付るばかりにては、合点《がってん》成がたし。五つのおもてのぶんは、手にとつて、太刀の道稽古する処也（総じてこの五つのおもては書付を見るだけでは理解しにくいであろう。五つのおもては、実際に手に取って、太刀の道を稽古するためのものである）」と断っています。

『五輪書』のここでは、太刀遣いを書く箇所なので、「太刀の道」としか書いていませんが、実際の形の稽古では相手との関係が問題になります。

『五輪書』以外に武蔵が形について書いた遺文[*3]も参考にして、具体的な形の詳細を検討することもできますが、ここではその代わりに、武蔵がつかんでいた「形稽古の本質」について考えてみたいと思います。

形稽古の本質

日本の剣術の形稽古は、必ず二人一組で行います。相手が、上から打ってくることもあれば、横から打ってくることも、まっすぐに突いてくることもある。また相手が速く打ってくる場合もあれば、ゆっくりと打ってくることもある。相手の打ちに応じて、上下・左右・前後に動いて、かわして打つという三次元の空間的なものに、時間の軸を加えた四次元的な「間合《まあい》」というものが問題になります。形はやり方が決まっているとはいえ、実際の稽古の中では打ってくる方向やタイミングはさまざまに変わっていきます。そうした中で、自分がどれだけ相手との関係をとらえられているか、どれだけ動けるのかを検証していくのです。

当時の剣術各流派のほとんどでは、形稽古といえば技のやり方を示すものでした。また、それぞれ「秘伝」とするさまざまな構えがあり、何十本もの形を学ぶ必要がありました。たとえば新陰流*4では、六段階三十五本の「本伝《ほんでん》」の形と、それを変化させて吟味する二十七本の形が存在しました。流派では、それぞれの形を免許制にして段階づけて取るようにし、全部取れたら「免許皆伝」となったのです。数多くの形を稽古して太刀遣いを学ぶというわけです。

これに対して、武蔵は、この形稽古の意味をはっきりととらえています。形稽古の本質とは、太刀を遣う時の感覚を磨くこと、つまり「太刀の道を覚えること」です。二天一流の形稽古は「敵の攻めに対するシミュレーション」ではないのです。たった五本の形ですが、いろいろと変化させながら、太刀の最も自然で切りやすい「太刀の道」を稽古する者が感覚で以って知れと言うのです。

武蔵は、「太刀の道をしり、又大形《またおおかた》拍子をも覚へ、敵の太刀を見わくる事、先《まず》、此五つにて、不断《ふだん》手をからす所也」と述べています。「不断手をからす」とは、常日ごろから熟練することが必要だという意味です。二天一流の形はたった五本しかありません。その五本を絶えず稽古することで、太刀遣いの原理をつかむことが重要なのです。形の数が少なければ、同じ動きであっても、その都度のわずかな違いに敏感になります。「太刀の道」がおのずと分かってくるよう感覚を研ぎ澄ますために、非常によく考えられた稽古法だと言えます。

「太刀の道」が分かれば、続く動きも一連の流れとなり、全体の「拍子」（リズム）がつかめてくる。そうなると敵の動きも見て取れるようになり、次の動き方も予測できるようになります。そして、敵の一振りを見ただけで、敵がどのくらいの力量の者なのかまでも判断できるようになるのです。

「有構無構のおしへ」

「五つのおもて」の後にある条が「有構無構のおしへの事」です。

太刀は敵の縁《えん》により、所により、けいき《景気》にしたがひ、いづれの方に置たりとも、

其敵きりよきやうに持《もっ》心也。上段も、時に随《したが》ひ少《すこし》さがる心なれば中段となり、中段を、利により少あぐれば上段となる。下段も、おりにふれ少あぐれば中段となる。両脇の構も、くらいにより少中へ出せば中段・下段共《とも》なる心也。然《しかる》によって「構はありて構はなき」と云利《り》也。

（太刀は、敵の縁により、場により、状況に従い、どの方向に置いたとしても、その敵を切りやすいように持つのである。上段も時によって少し下がる心になれば中段となり、中段もその場の利によって、少し上げれば上段となる。下段も折にふれ少し上げれば中段となる。両脇の構えも、位により少し中へ出せば、中段・下段ともなるものである。そうであるから、「構えはあるが、構えはない」という理なのである。）

「有構無構」とは、すなわち「構はありて構はなき」で、初めに太刀をどの方向に置くかという意味で構えはあるが、本来決まった太刀の構えというものはなく、敵を切りやすいように構える心こそが肝要だ、ということです。

先に示した「五方」も、典型的な構えを示すのであって、最初から決まった構えがあると思ってはならないのです。形を学ぶ目的は、形をまねて覚えて踏襲することではなく、太刀を遣う感覚を身に付けることにある。「有構無構のおしへ」は、構えについてだけでなく、「五つのおもて」の稽古についても、さらには太刀遣いのすべてにおいて、よくよく心すべき教えなのです。

敵と打ち合う時の工夫

「水の巻」の後半では、実戦で敵と打ち合うさまざまな場面での心得、技の工夫が具体的に書かれています。

まず書かれているのが、敵の拍子の逆をとって打つ心得です。ゆっくりした敵には、自分の方から速く打つ「一拍子《いっぴょうし》の打《うち》」、気の早い敵には、自分が打つと見せて相手が打ってくるところをかわして打つ「二の越《こし》の打」、敵も自分も打とうとする時、打つ気配を見せずに強く打つ「無念無相《想》の打」、そして、あえて遅れた拍子で打つこともある、と武蔵は付け加えます。

また「打つ」と「当たる」を厳密に区別してもいます。「思ひうけて慥《たしか》に打《うつ》」、つまり、確かに切ろうと思って太刀を遣うのが「打つ」です。対して「当たる」は、「ゆきあたる程の心にて」「あたりては後を、つよくうたんため也」と、たまたま当たった、あるいは当たったあとに強く打つための動きだと言います。

　さらには、「切る」以外のさまざまな「攻め」についても論じています。打ち合いで相手との間合いが近くなった時は、「入り身」で思い切って相手の懐《ふところ》に入り込む。また「身のあたり」で、全身で相手の胸を弾き飛ばす勢いで当たることもある。戦う場が狭く、切るのが難しい時や疲れた時、あるいは刀が切れなくなった時には、太刀先を真っ直ぐ引いて敵の胸を突くことを書いている。また、太刀先は常に相手の顔を突くように向けているように心得よと言います。そうして、相手にいつでも攻められるというプレッシャーを与えて、身をのけぞらせるようにするのです。

　そして武蔵は、一人で大勢と戦う時の心得も記しています。普通、大勢と戦うとなれば、相手に囲まれた場面を想像してしまうものです。しかし、武蔵は大勢と戦う時でも自分が主導権を取ることが肝要だと言っています。まず、どの敵が最初にかかってくるかを見分けて、その敵を切り、戻る太刀で脇から来る敵を切る。敵が何人いようとも一方向へ追い回していき、敵が重なるところを切り崩す。「いかにもして、敵をひとへにうをつなぎ《魚繋》に、おいなす《追》心にしかけて、敵のかさなると見へば、其儘《そのまま》間をすかさず、強くはらひこむべし」と武蔵は言います。たとえば、田んぼが広がる場所であれば、自分からあぜ道に走り込む。そうして敵が一列にあぜ道を追ってくれば、そこで身を翻《ひるがえ》せば一対一で戦えます。これが「魚つなぎ」です。

このように大勢と戦う時は、場や障害物などをうまく利用し、集団を崩して勝てばよい、と武蔵は説きます。「場を活かして勝つ」という心得について、有名な吉岡一門との戦いを例に第3章で詳しく触れたいと思います。

「今日は昨日の我に勝つ」

「水の巻」の最後です。武蔵は、この巻全体をまとめて、鍛錬の心構えを説きます。

兵法、太刀を取て、人に勝所を覚ゆるは、先《まず》、五つのおもてを以て、五方の構をしり、太刀の道を覚えて、惣体自由《そうたいやわらか》になり、心のきゝ出て、道の拍子をしり、おのれと太刀も手もさへ《冴》て、身も足も心の儘《まま》にほどけたる時に随ひ、一人にかち、二人にかち、兵法の善悪《よしあし》をしる程になり、此一書の内を、一ヶ条〳〵と稽古して敵とたたかひ、次第〳〵に道の利を得て、不断《たえず》心に懸、いそぐ心なくして、折々手にふれては徳を覚え、いづれの人とも打合、其心をしつて、千里の道もひと足宛《ずつ》はこぶなり。

（兵法でも、太刀を取って人に勝つところを覚えるのは、先ず「五つのおもて」で以って「五方の構え」を知り、「太刀の道」を覚えて、全身が自在に動けるようになり、動き方のこつも分かってきて、打つべき拍子を知り、自然と太刀も手も冴えて、身も足も心のままにほどけて自在に動けるようになってくるにしたがい、一人に勝ち、二人に勝ち、兵法の善し悪しを知るようになる。この書の一ヵ条一ヵ条を稽古して、敵と戦って、次第に勝てる利を会得して、絶えず鍛練を心掛け、急ぐ心なく、その時々に実際に稽古しては徳を覚え、どのような人とも打ち合って、その心を知って、千里の道も一歩ずつ歩んでいくのである。）

あらゆる構えは「五方の構え」に集約される。それだから、「五方の構え」からの「五つのおもて」という形を稽古して「太刀の道」の感覚を磨くのです。そうした鍛練を積み重ねていけば「物体自由」、からだ全体がやわらかく自由に意のままに動けるようになり、その都度の最も自然な動きをつかむ「心のきゝ《利き》」もでき、太刀の道、動きの拍子を知ることもできるようになってくる。そうなれば、もはやあれこれ思わずとも、おのずと太刀も手も冴えて、身も足も、からだ中すべてが思いのままにほぐれているので、いかようにも自在に動けるようになる。そうして、一人に勝ち、二人に勝ち、兵法の何たるかが分かるようになる――というのです。

緩々《ゆるゆる》と思ひ、此法をこなふ《行》事、武士のやく《役》なりと心得て、けふ《今日》はきのふ《昨日》の我にかち、あすは下手にかち、後は上手に勝とおもひ、此書物のごとくにして、少《すこし》もわきの道へ心のゆかざるやうに思ふべし。（略）千日の稽古を鍛とし、万日の稽古を練とす。能々吟味有べきもの也。

（ゆったりと考え、この兵法を鍛練することは、武士の役目だと心得て、今日は昨日の我に勝ち、明日は下手に勝ち、後は上手に勝つと思って、この書物のごとくに、少しも脇の道に心が行かないように思うべきである。〈略〉千日の稽古、万日の稽古を続けてこそ、鍛練と言えるのである。よくよく吟味あるべきものである。）

昨日より今日、今日より明日と、毎日少しでも自分の技量を高めていくこと、それを千日、万日と積み重ねていってこそ、鍛練であると武蔵は言います。千日といえば三年、万日といったら三十年です。あせらず、急がず、一歩一歩あゆんでいかなければならない。そのように長い間、たゆまず積み重ねていって、初めて道に達することができるというのです。

武蔵が説く鍛練の心構えは、そのまま自己を磨き上げる方法として、さまざまな分野に応用できるでしょう。基礎をしっかりとやる。稽古は、日常生活から徹底していく。たとえば茶の湯でも、茶事の席だけが大事なのではありません。普段の生活の中での物の扱い方や所作など、すべてが大事なはずです。そうした基礎を、日常から意識して努めて初めて、茶席においてからだが自然に動くようになるのです。

　また、稽古法を絞り込むということもヒントになるでしょう。武蔵の剣術の稽古法はたった五本です。形を覚えるのではなく、形の稽古によって太刀を遣う自分の感覚を磨くことが大事なのです。技の原理をつかんで稽古法を絞り込み、それを繰り返す中で自分の感覚を研ぎ澄ませていく。そのうえで、稽古したことが、実戦のあらゆる場合に有効となるように、不断に心掛けて工夫していく。こうして着実な鍛練を積み重ね、より自在に動けるように努力することこそ、武蔵が伝えようとした自己を磨きあげる極意なのです。

＊1　臍下丹田

下腹部の、へその下にあたる所。東洋医学の身体論で、心身の活力の源である「気」の集まるといわれるところ。

＊2　『兵法三十五箇条』

熊本藩の客分だった武蔵が寛永十八年二月に藩主・細川忠利に呈上した兵法書。三十六箇条（最後の「万理一空」の条を含める場合）の剣の術理はほぼ完成されており、『五輪書』の基になっている。

＊3　遺文

熊本の二天一流に伝わる『兵法三十五箇条』増補版のうちの「五方の構の次第」一本目。魚住孝至『定本　五輪書』に「五つのおもて関連文献」として遺文を載せて、それに基づいて技のやり方を論じた。

＊4　新陰流

永禄年間（一五五八〜七〇）に上泉伊勢守信綱が創始し、近世に展開した剣術流派。武蔵と同時代の柳生宗矩（一五七一〜一六四六）が将軍家兵法師範となったところから全国に広まった。「本伝」の形は、（基の陰流の「燕飛《えんぴ》」（六本））、「三学」（五本）、「九箇」（九本）、「天狗抄」（八本）、「極意」（六本）、「八箇必勝」である。これらを変化・応用した「砕《くだ》き」の「二十七箇条截相《きりあい》」もある。

第3章——状況を見きわめ、活路を開く

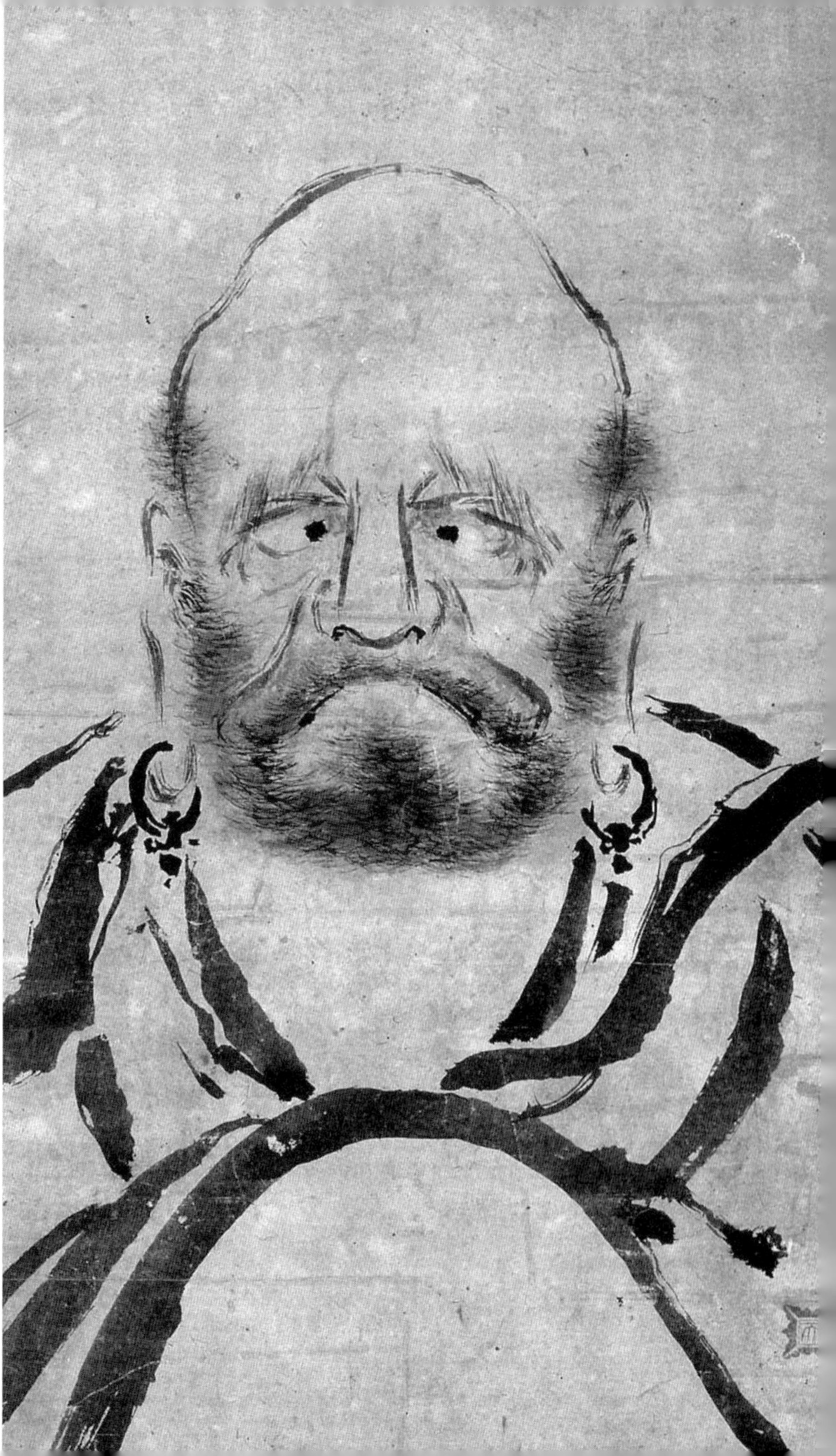

「火の巻」の構成

「火の巻」は、第1章でも紹介したように、小さな火でも燃え広がれば大きな火となる火のイメージから名づけられています。一人で戦う剣術の兵法（「一分《いちぶん》の兵法」）から千人・万人で戦う合戦の兵法（「大分《だいぶん》の兵法」）に通じる理を書き記したものです。「火の巻」本文は二十七箇条から成りますが、書き方の違いから、ほぼ三つに分けられます。

第一〜第四条は、剣術だけに即して書かれていて、武蔵の戦い方の根本的なとらえ方を示します。第五〜第二十条までは、各条で「大分の兵法」と「一分の兵法」の内容を並行的に論じていて、「火の巻」の中心となる部分です。第二十一〜第二十七条は、大分・一分の兵法を特に分けることなく、戦いの心構えを書いています。

本巻の結びで武蔵は、絶えず考えていることのみを書いたが、それを整理して示すのは難しいと述べています。「火の巻」以降は、まだ十分に仕上げられていなかったようです。自分の流派の名前を、「地の巻」（第五条を除く）と「水の巻」では「二天一流」と書いていたのに、「火の巻」以降は「二刀一流」と旧《ふる》いままで書き直されていないからです。それ故《ゆえ》ここでは、武蔵の主張が分かりやすくなるように、「火の巻」の条目を、内容から整理して読み解いてみたいと思います。

場の勝ちを得る

では、内容を見ていきましょう。「火の巻」の第一条に挙げているのは、戦い方の根本的な理として、戦う場の特徴を見分けよ、ということです。

場のくらいを見わくる所、場におゐて日を負《お》ふと云事有。日をうしろになしてかまゆる也。若《もし》、所により、日をうしろする事ならざる時は、右のわきへ日をなすやうにすべし。座敷にても、あかりをうしろ、右脇となす事、同前也。

（戦いの場を見分けるところ、場において「陽を負う」と言うことがある。すなわち太陽を背にして構えるのである。もし場所により、太陽を背にすることが出来ない時には、右の脇へ太陽を負うようにすべし。座敷においても、灯りを後ろ、あるいは右脇とすることは同じことである。）

野外では、まず太陽を背中にして戦うことを説きます。太陽を背に負えば、敵から見るとまぶしくて自分の方を見づらく、自分からは明るくて敵を見やすい。逆に相手にその位置を取られてしまうと、自分から敵を見づらくなり、不利になってしまいます。

うしろの場つまらざるやうに、左の場をくつろげ、右のわきの場をつめてかまへたき事也。（略）**敵をみおろす《見下》といひて、少も高き所にかまゆるやうに心得べし。**（略）**いづれも敵を追懸る方、足場のわるき所、亦は脇にかまいの有所、いづれも場の徳を用て、場のかちを得ると云心専《せん》にして、能々吟味し、鍛練有るべきもの也。**

（後ろの場が詰まらないように、左の場を寛げて、右の脇の場を詰めて構えたいものである。〈略〉敵を見下ろすと言って、少しでも高い所に構えるように心得るべし。〈略〉いずれも敵を追い掛ける方は、足場の悪い所、または脇に障害物がある所であり、いずれも場の特色を利用して、場の勝ちを得るという心を専らにして、よくよく吟味し、鍛練すべきものである。）

戦う場は、相手の攻撃をかわす時に下がれるよう、後ろの場が詰まらないようにし、右手に持つ太刀が遣えるよう、左の場をあけ右脇を詰める。高い所から打ち込む方が有利なので、少しでも高い所をとって構える。さらに敵を追い回す時は、敵が動きにくい

「難所」、足場が悪い所や障害物があって動きにくい所へと追い込むと述べています。

武蔵の指摘は、このように終始具体的です。一貫するのは、場の特性をよく見知って、あらゆる要素を自分に有利に使うということ。そこを取られてしまっては自分が危なくなる。〈自分に有利に、敵に不利に〉――これが戦いの鉄則です。戦いは、戦う前からすでに始まっているのです。

道場剣道ではない実戦勝負では、野外や人混みの中、座敷の内など、さまざまな場で戦わなくてはなりません。そして当然ながら、戦いの場により、条件はさまざまに異なります。戦う前に、戦う場の光線の方向、動ける空間、高低、足場、障害物など、その場のあらゆる条件を、自分には有利に、敵には不利になるように工夫する。場一つとっても、徹底して分析し、戦う前にまず「場のかち（勝ち）」を取れと武蔵は言うのです。

剣を交える前に、場の勝ちを得る。この重要性をよく示しているのが、第2章で紹介した、大勢との戦い方です。敵が大勢いたとしても、田んぼのあぜ道に走り込んで敵を「魚つなぎ」にしたところで振り返って向き合えば一対一で戦える。自分が主導権を握り、場の特性を自分に有利に使って勝ちを得るわけです。

また、障害物を自分の盾として使うこともあります。この戦法によって武蔵が勝ちを収めたのが、武蔵の勝負の中でもよく知られた、吉岡一門との戦いです。

吉岡一門との戦い方の推測

第1章で少し触れたように、武蔵は二十一歳で武者修行で京に上ってから、足利将軍家の兵法師範を務めた名門の吉岡一門と三度にわたって勝負し、三度とも勝利を収めました。この勝負について、『五輪書』は何も書いていないのですが、養子の伊織《いおり》[*1]が武蔵の没後九年に小倉に建てた武蔵顕彰碑の碑文、通称「小倉碑文[*2]」に詳しく書かれていますので、それに拠りながら、戦いのあらましを考えてみたいと思います。

小倉碑文は、『五輪書』の序で武蔵が「都へ上り、天下の兵法者にあひ」と書いた「天下の兵法者」が吉岡一門であると伝えています。碑文によると、武蔵はまず、吉岡の当主清十郎《せいじゅうろう》と洛外蓮台野《れんだいや》（現在の地名は「れんだいの」）で勝負し、「木刀の一撃」によって清十郎を倒した。当主が倒されては一門として黙っているわけにはいきません。次いで、弟の伝七郎が武蔵に挑み、五尺余りの木刀を手に戦いましたが、武蔵が機を見てその木刀を奪って打ち、伝七郎は絶命した。

当主をはじめ二人もやられたので、吉岡一門は流派の存続の危機となった。そこで門人たちは、清十郎の子の又七郎を名目人に仕立てて再び勝負を挑み、自分たちは「数百人」で兵杖《へいじょう》や弓矢を持って武蔵を討ち取ろうと企てた。敵が大勢で来ることを事前に察

1654年、伊織が現在の北九州市手向山（たむけやま）に建てた宮本武蔵顕彰碑。通称「小倉碑文」が刻まれている（画像提供・朝日新聞社）

知した武蔵は、自分は弟子を連れずに一人で洛外の一乗寺下《さが》り松に出向いて、大勢の敵に対して見事に武威を発揮して勝利を収めた、と碑文は書いています。

この戦いで武蔵は、名目人の又七郎を切って勝負を決し、後は森に入って逃げたと考えられます。森に入ってしまえば、敵はいくら大勢いたとしても木々が障害物になって戦いにくい。よく映画や漫画では、数十人もの敵を武蔵がバッタバッタと切り殺したように描いているものがありますが、あれは事実ではないでしょう。門人たちはあくまで助太刀であるので、切り殺す必要はない。何人も切れば刃こぼれします。武蔵は、敵が大勢でやってくることを事前に分かっていた。それで先に行って、その場の特性をつかんで、場の次第を考え、どの場所でどう戦うかを予《あらかじ》め考えていたのでしょう。それゆえ、又七郎だけを目指して、彼を切ると後は森に入って木々を盾とし、敵が大勢であっても無事に都へ戻ってくることができたのです。そうしたところも、武蔵の戦い方の合理性を非常によく示しています。

武蔵が吉岡一門に勝負を挑んだのは、実は養父の無二の存在と関係があります。無二は、室町将軍の前で吉岡の先代と三度立ち合って二度打ち勝ったので、将軍から「日下無双」と賞されたと小倉碑文は書いています。これに拠って、無二は自らの流派の目録で「天下無双」と名乗ります。この事情があったので、武蔵も吉岡の当主に挑戦したのですが、武蔵の場合は命を賭けた死闘を三度もすることになった。しかも大勢に一人で完勝したので都でも評判となった。武蔵は翌年書いた『兵道鏡』[*3]で、自ら「天下一」を名乗っているのです。将軍家の権威による称号ではなく、その都度の敵に応じて、場の次第を工夫して勝ちとったのであり、まさに実力で身を立てる武士としての武蔵の生き方が表れています。

「三つの先」――主導権の握り方

武蔵は「火の巻」第二条に「三つの先《せん》」を挙げています。つまり敵と戦う時、自分から攻めるか、敵から攻めてくるか、敵と同時に攻め合うかの三つの場合があるが、常に自分が「先」、主導権を握るべきことを説きます。三つの攻めのパターンを挙げていることで、武蔵は勝負の場というものを、自分の目からではなく、自分を超えた視点から見ていることが分かります。

まず、自分から敵に懸かる「懸《けん》の先」は、「我かゝらんとおもふとき、静にして居《おり》、俄《にわか》にはやくかゝる」「うえをつよくはやくし、底を残す心の先」であると言います。「静にして」というのは、相手に油断をさせるためです。自分が懸かろうと思っていても、すぐに懸かる気配を全く見せない。そして相手が油断しているところにパッと懸かるのが「懸の先」です。あるいは、「我心をいかにもつよくして、足は常の足に少《すこし》はやく」、敵の傍らへ寄った途端に素早く攻めたてる、また終始一貫、敵を押しつぶす心で勝つ、などもあると言います。

逆に敵から懸かってくる場合は「待《たい》の先」を取ります。「よわきやうに見せて、敵ちかくなつて、づんとつよくはなれて、飛付やうに見せて、敵のたるみを見て、直《すぐ》につよく勝事」。つまり、いかにもこちらは何も準備していないように見せて、相手が「今こそ懸かればいい」と思って打ってきたところをかわして打ち取るのです。あるいは、敵が懸かってくる時、自分もなお一層強く出て、敵の拍子が変わるところをそのまま打ち勝つという形もあります。

双方が懸かり合う場合が「体々《たいだい》の先」です。敵が早く懸かってくる時には、自分は静かに強く懸かり、逆に敵が静かに懸かってくる時には、自分は軽快に少し早く懸かる。いずれも敵の拍子を崩し、敵が近くなった時に思い切って強く懸かって勝つのです。

そして武蔵は、敵との関わり合いを冷静にとらえて、それぞれの場に応じて「兵法の智力」を働かせ、常に自分が「先」——主導権を取って勝てるよう、よくよく鍛練せよと述べています。

先の先を読む「枕のおさへ」

「先」は、技を出してくる相手との関係における主導権ですが、相手が技を出す前に抑えることができれば、なおさらよいでしょう。つまり、相手が打とうと思う先の先を抑える——これが『兵法三十五箇条』の増補版でいうところの「先々《せんせん》の先」です。『五輪書』では「枕のおさへ」という言葉を使って説明しています。この場合の「枕」とは「枕詞」「話の枕」などの用法に見られるように「最初」の意味で、ここでは技を出そうと思う最初を抑えて技を出させないということです（ちなみに『五輪書』の英訳の多くは、「枕」を寝具の枕〔ピロー〕と誤訳しています）。

「枕をおさゆる」と云《いう》は、我実《まこと》の道を得て、敵にかゝりあふ時、敵何ごとにてもおもふ気ざしを、敵のせぬうちに見知りて、敵のうつと云「うつ」の「う」の字のか《頭》しらをおさへて跡《あと》をさせざる心、是枕をおさゆる心也。

（「枕をおさえる」というのは、自分が正しい道を体得して、敵とかかり合う時、敵が何かをしようと思う兆しを、敵がしない内に見ぬいて、敵が打つという「う」の字の頭を抑えて、後をさせないこと、これが「枕をおさえる」心である。）

「兵法の達者」になれば、敵が打とうと思った瞬間に技を見抜いて、それに応じてすぐに打ち返せる体勢を取るので、敵は打とうと思った「う」の段階で早くも抑えられ、もはや打てなくなってしまう。敵も無理に打って出れば、逆に打たれる危険を察するから打ち出せないのです。

打つだけではありません。「たとへば敵のかゝると云『か』の字をおさへ、とぶと云『と』の字のかしらをおさへ、きると云『き』の字のかしらをおさゆる、みなもつておなじ心なり」。いずれも敵が「先」を取って技を出そうと思う瞬間の、さらにその「先」を取るので、「先々の先」なのです。

敵が技を仕掛けてきても、危険でない技なら敵がするに任せて放っておけばよい。敵がなすことを「抑えよう」と思っていては後手になります。敵の出方をうかがうのではなく、技を出そうとする、その「先」を取って主導権を握るのです。「我は何事にても道にまかせて」敵に打ち込む隙を与えない。敵は技を出そうとしても、思うや否や見抜かれて打てば返されそうなので、技が出せずに終わる。こうして、敵に全く技を出させずに勝つこともできるのです。

武蔵は、五十代以後の立ち合いでは、敵に技を全く出させず悠々と追い込んで勝ったという伝承がいくつかあります。名古屋で尾張藩士と御前試合を行った時は、武蔵が二刀を構えて切っ先を相手に向けると、相手は技が出せずに下がる。すかさず間を詰めると、相手はまた下がる。そうしてそのまま道場を一周して、「勝負とはこういうものでございます」と武蔵が言って終わったということです。まさに「枕のおさへ」で格の違いを見せつけた形です。

戦いの主導権には、時間的なもののほかに空間的なものもあります。第四条「渡《と》を越す」はそのことについての条です。「渡」とは、海の中でも、島や岸が迫っていて狭くなっており、舟が渡る海路ながら潮流が激しく危険な箇所のことです。戦いにおいては、そのような要所をどちらが取るかで、形勢が一気に変わってしまいます。要所を取れば、あとは楽に戦える。当然、相手もよい場所を取ろうとしていますから、そこをこちらが取ってしまえば、勝負も決まるわけです。戦いの要所を海路の難所を用いて説くところに、武蔵の喩えの巧みさが光ります。

このように、第一〜第四条は剣術についてのみ書かれていますが、当然これは、合戦の場面にも通じることです。合戦では、特に「場のかち」を取ることが大事で、どこに主力の兵を置き、どこに備えを置くかという陣容や、地形を考慮することが必須です。

武蔵は、戦い全体を常に意識していると言えます。その上で、「戦う前から勝つ」という戦い方の根本を説いているのです。

敵を知る

「火の巻」の第五～第二十条までは、それぞれの条で、実際の敵といかに戦うのか、「大分の兵法」をまず論じ、次いで「一分の兵法」を並行して論じています。兵法の立場から見れば、「大分の兵法」に役立ってこそ剣術が活きるので、この順序にしたと思われますが、武蔵の発想は明らかに個人の剣術を合戦での戦い方に敷衍《ふえん》しています。そこで、ここでは「一分の兵法」に焦点を当て、順序も少し整理しながら見ていくことにします。

第一になすべきは「けいき《景気》を知《しる》」、敵の状態を知ることだ、と武蔵は言います。「敵のながれをわきまへ、相手の人柄を見うけ、人のつよきよわき所を見つけ」、敵の思いと違うことを仕掛け、敵の調子の上下を知り、敵が打つ間の拍子を見て取って、「先」を取って敵の弱いところを突くようにする。敵の心を読んで、敵の思いに背くように仕掛ける。敵の戦う気力が充実している時には攻められないように流し、敵の気力が萎え、ふとゆるみや油断が出たところを攻める。命がかかった勝負ですから、スポーツのように「正々堂々とやりましょう」という話ではありません。怪我にしろ何らかのアクシデントにしろ、敵に少しでも隙が出来たらすかさず打つ。戦いにおいては、相手をよく見て、常に自分が「先」を取ることが肝要です。

敵を冷静に見るには、敵の立場になってみるのがよいと武蔵は説きます。

「敵になる」といふは、我身を敵になり替て思ふべきと云心也。世中をみるに、ぬすみなどして家の内へ取籠《とりこもる》やうなるものを、敵をつよく思ひなすもの也。敵になりておもへば、世中の人を皆相手とし、にげこみてもせんかたなき心なり。取籠るものは雉子《きじ》也。打果しに入《いる》人は鷹《たか》也。能々《よくよく》工夫あるべし。

（「敵になる」というのは、わが身を敵に成り代わって考えてみるべきことである。世の中を見ると、盗みなどをして家の中に賊が立て籠もった時に、その賊を強いと思ってしまうものである。けれども賊の身になって考えてみれば、世の中の人をすべて相手として逃げ込んで、どうしようもない心でいる。立て籠もった者は雉であり、打ち果たしに入る者は鷹である。よくよく工夫すべし。）

このように敵の立場になって冷静に見れば、恐れることなどない、と言うのです。

敵の強みを消す――小次郎との戦い方の推測

武蔵は、このように敵のことをよく研究したがゆえに六十余度の勝負にすべて勝てた。敵をよく知ることによって勝った勝負の典型が、武蔵の勝負の中で最も有名な、巌流の小次郎との戦いです。

武蔵と小次郎の戦いは、映画やテレビなどで繰り返し描かれていますが、これらはほぼ、吉川英治の小説『宮本武蔵』[*4]を翻案しています。この小説の元になったのは、江戸時代に書かれた『二天記』[*5]という武蔵の伝記です。伝記と言っても、当時の伝記作者は分からないところは想像でいろいろと書いていましたから、『二天記』にはフィクションの部分が多く含まれています。

ここで、武蔵と小次郎との戦いにおける事実と虚構を分けながら、敵のことをよく研究し、戦う前に勝負に勝つという、武蔵の戦い方の特徴を探ってみたいと思います。

『二天記』では、武蔵と小次郎の勝負は、小倉藩の検使が立ち会った公式の試合だとされ、武蔵は勝負の刻限に大幅に遅れ、勝負の当日に舟の櫂を削って木刀にした旨が書かれています。しかし、事実は異なります。

まず、二人が勝負を行った関門海峡の無人島・舟島は当時長府藩領でしたから、小倉藩の検使が立ち会うということはあり得ません。藩の検使が立ち会った勝負ではなく、実際は彼ら二人の私闘だったと思われます。また勝負の刻限に遅れたというのも、そんなに遅れたならば小次郎は、「武蔵は臆《おく》して来なかった」と宣して、戦わずに勝ちの名誉を得ることができます。武蔵はそんなことはしないでしょう。事実、小倉碑文には、「両雄同時相会」（両者は同時に出会った）と書いてあります。

武蔵が戦う木刀を自作したというのは事実のようです。晩年、客分となった細川藩で、家老長岡寄之《よりゆき》から「小次郎を打った木刀はいかなるものであったか」と尋ねられた時に、武蔵が作って呈上したという木刀が遺されています。白樫を切り削ったもので、少し反りのある四尺二寸余り（一二六・八センチ）の長い木刀です。勝負の時の木刀そのものではないですが、このようなもので戦ったであろうことは想像できます。

ではなぜ、武蔵は刀ではなく、木刀で勝負に臨んだのでしょうか。刀は二尺四寸が「定寸《じょうすん》」とされた当時、小次郎は常に相手よりも長い「三尺ノ白刃」で勝っていました。武蔵は、刀の長さが勝敗を決する分かれ目になると考えたのでしょう。相手の強みをいかに消すか——。小次郎の長い剣の強みを消し、敵の意表を突くために、小次郎よりも長い四尺余りの大木刀を作ったのだろうと考えられます。寄之に呈上した木刀は、バランスのよい作りです。振りやすさなどを考えて反りのある大木刀を削り、何度も振ってみて自らの手に合うように納得のいくまで調整をしたことでしょう。勝負の当日に舟の櫂を削って作ったというのは、もちろんフィクションです。四尺余りの大木刀で力一杯打たれたら、手であれば骨折は必至でしょうし、頭であれば一撃で絶命したとしても不思議はありません。ですから、小次郎との勝負を真剣でやる必要はない。そのあたりも、武蔵は非常に柔軟かつ合理的に考えています。おそらく勝負の場でも、武蔵は小次郎に木刀の長さを見抜かれないように、肩の上か脇に構えて、相手が打ってくるや、一気に打って勝ったのではないか。碑文は、勝負は一撃で終わったと伝えています。

武蔵は、勝負の前から相手をよく研究していました。若い頃に六十余度の実戦勝負で一度も負けなかったというのも、その都度、相手はどういう人か、どういう技を持っているか、どうやってその強みを消し、どう勝つか——とことん考え抜いて勝負に臨んだからだったはずです。このようにフィクションを排して実際の戦い方を推測してみると、武蔵の考え方がいっそうはっきりと見えてきます。

敵を崩す

『五輪書』に戻ると、敵を知ることに続いて、敵の動きを抑え、相手を崩していくさまざまな手立てが説かれます。

　敵の動きを抑える方法について、武蔵は「敵の打出す太刀は、足にてふみ付る心にして、打出す所をかち、二度めを敵の打得ざるようにすべし（敵の打ち出す太刀は、足で踏みつける思いで、打ち出すところを勝ち、二度目を敵が打てないようにすべし）」と書いています。さらには、踏むと言っても足に限らず、身でも、心でも、太刀でも踏み付け、「二のめを敵によくさせざるやうに」、敵に二度目をさせないように心得よ、と徹底しています。

　また、敵が太刀を後ろに構えたりして何を狙っているのか分からない時は、フェイントで打つようなフリをすると、敵はつい狙っている打ちを出してしまう（「陰《かげ》をうごかす」）。逆に、敵の狙いが明らかに分かっている時には、そう打ってきたら、こちらはこう返すということを強く示せば、敵の攻めを変えさせることができます（「影をおさゆる」）。敵の狙いが分からない時は「陰」、分かっている時は「影」と漢字を使い分けています。

　そして、戦いでは相手を自分の手の内に握り、握り潰す（「ひしぐ」）、あるいは押し潰すという気合いでやらなければいけないとも言っています。しかし、強敵を相手にした時は、あえて膠着《こうちゃく》状態に持ち込むという手もある。敵と自分が近づいて張り合う状態にし、そこから機を見て違う手に移り、状況を転換して勝つのです。

「崩す」ということで言えば、心理作戦で相手に平常心を失わせることも重要です。武蔵はこれについても、さまざまな工夫を細かく記しています。あくびが人にうつるように、勝負の最中にわざとゆるりとして、敵がそれにつられてゆるんだところを、強く速く先に打ち込む（「移らかす」）。危ういこと、無理なこと、敵が思いもしないことを仕掛けて、敵を「むかつかする」。打つと見せて突く、突くと見せて入り込むなど、敵に確かな心を持たせないように「うろめかす」。敵の意表を突いて、身でも太刀でも声でも敵を「おびやかす」。これには、「敵をうごかさん為、打と見せて、かしらより『ゑい』と声をかけ、声の跡より太刀を打出す」（「三つのこゑ」）などもあります。

そうしてさまざまな手立てで敵を崩していって、敵が崩れた一瞬に攻めて勝つというのが武蔵の勝ち方です。

戦《たたかう》内に、敵の拍子ちがひて、くずれめのつくもの也。其ほどを油断すれば、又たちかへり、新敷《あたらしく》なりて、はかゆかざる所也。其くづれめにつき、敵のかほ《顔》たてなおさゞるやうに、慥《たしか》に追かくる所肝要也。追懸るは、直《すぐ》につよき心也。敵たてかへさゞるやうに打はなすもの也。

（戦っている内に、敵の拍子が狂って、崩れかけることがある。そうした時に油断すれば、敵もまた立て直して新しくなるので、勝負をつけることができない。その崩れたところを、敵が顔も立て直せないように、確実に追いかけることが大事である。追い懸るのは、真っ直ぐで強い心である。敵が立て直すことができないように打ち放すものである。）

ぼんやりしていたら、敵も崩れを立て直してしまいます。崩れたその瞬間をすかさずとらえ、一気に攻め切ってしまう。一流の兵法者は、こうした攻めどころを厳しくとらえています。相手をよく見て、場や間合いを自由にさせないようにして相手の攻めを抑えながら、体勢的にも心理的にも相手を崩していく。そして、崩れたところを一気に攻める。さすがに六十余度も実戦勝負に勝ったという武蔵は、戦いにおける勝ち方を見事に理論化しています。

この理論は、現代のスポーツにも通じるでしょう。現代スポーツの実技書ではたいてい個々の戦術の説明で終わっていて、「場のかち」や「三つの先」、さらには「枕のおさへ」もないし、心理的にいかに敵を崩すのか、までは踏み込んでいないようです。『五輪書』のように、勝ちの理論を根本からこれだけ明晰に書いているものは、現在でもあまりないように思います。

人間の心理をとらえた戦いの心構え

「火の巻」の最後の七箇条は、「大分の兵法」も「一分の兵法」も合わせた戦いの心構えを書いています。ここも、それぞれの戦い方を書いた条と同じく、人間の心理というものを見ながら、懇切丁寧に書かれています。

まずは、細心さと大胆さを併せ持つことの重要性についてです。武蔵はこれを、「鼠《そ》頭《とう》牛《ご》首《しゅ》」という喩えを使って説いています。戦いにおいては、相手のことを細心に見なければなりません。相手が何を狙っているのか、そのわずかな兆候を見逃さないようにする。そういう意味で、鼠《ねずみ》の頭のように細やかな神経を持っていなければならない。そして、いざ攻める瞬間に、突然牛の首のように太く大胆になる。細心と大胆の両方を併せ持ち、それらを戦いの場面で瞬時に変えられることが重要であると武蔵は言います。

また、二度仕掛けても通じない技は変えなければならないとも言います。これが「さんかいの替り」です。「さんかい」は、二度やって駄目なら三回目には変えるという「三回」と、「敵、山と思はゞ海としかけ、海と思はゞ山としかくる」、つまり、今まで山と仕掛けていたものを全く変えて海と仕掛けるという「山海」の意味が掛けられています。

「底を抜く」では、相手が完全に負けたと思うところまで、気を抜かずに見届けよ、と説きます。相手を打ち倒して「勝った」と思った瞬間に、下からブスリと突かれるという危険は常にあります。また、「上は勝と見ゆれ共《ども》、心をたへさゞるによつて、上にてはまけ、下の心はまけぬ事あり」と武蔵が言うように、敵は上辺では負けているが、戦う心を絶えさせないことによって心の底では負けていないことがあります。それゆえ、敵の戦う心を絶やし、心底負けたと思うまで攻め切ることが重要なのです。

人間というものは、どうしても気を抜いてしまうものです。生きるか死ぬかのギリギリのところで戦っていても、自分が少しでも有利になれば「これでいける」と思ってつい安心してしまう。その油断したところを敵にやられてしまうわけです。武蔵は、そうした人間の心理を見越した上で注意を促しています。「底を抜く」という言い方も、武蔵が自身で経験したことを語ろうとしているからこそ出てくる巧みな表現です。

勝つためにあらゆる手を尽くす

「火の巻」の結びにおいて、武蔵は改めて、剣術の正しい道とは敵と戦って勝つことだと強調しています。他流を見てみると、口先だけの理論を語ったり、小手先の技を人目によいように見せたりしている。「地の巻」で「なまへいほう《生兵法》大疵《おおきず》のもと」と述べているように、こうした道場剣術は正しい道ではなく、実戦で使う時には非常に危ない。

剣術実《まこと》の道になつて、敵とたゝかひ勝事《かつ》、此法、聊替《いささかかわる》事有べからず。我兵法の智力を得て、直なる所をおこなふにおゐては、勝事うたがひ有べからざるもの也。

（剣術の正しい道というものは、敵と戦って勝つこと、この法は、少しも変わることがあってはならない。わが兵法の知恵の力を会得して、正しい道を行っているならば、勝つことに疑いがあるはずがない。）

剣術の正しい道とは敵と戦って勝つことであり、これは少しも変わることがあってはならない――。実戦で命がけの勝負を重ねてきた武蔵は、明確にそう説いています。

武蔵は、全ての敵に勝たなければ生き残れないという、非常に厳しい世界に生きていました。それゆえ、勝つためには技、戦う環境、敵の心理などあらゆることを考える。このような、「勝つ」という目的のために万策を尽くす武蔵の姿勢には、現代の私たちも見習うべきところが大いにあるでしょう。命がけの勝負はないにしても、仕事のさまざまな場面、たとえば会議や交渉事など、自分が主導権を握って全体をリードしなければならない場面はいろいろとあります。そうした時には、いきなり本番に臨むのではなく、相手がどんな人物なのか、また大勢であればどんな顔ぶれなのかをよく知り、相手の反応も事前に読んで、どう話を進めていくのがよいのか、入念な準備が必要でしょう。何事も勝ちを得るためには、あらゆる準備を怠ってはならないのです。

＊1　宮本伊織

一六一二〜七八。播磨の武蔵の実兄の次男。十五歳で武蔵の養子となり、小笠原家に出仕し、二十歳で執政職（家老）となった。小笠原藩が小倉移封の際に二千五百石、島原の乱の戦功で千五百石が加増され、筆頭家老を務めた。

＊2　小倉碑文

一六五四年、伊織が現在の北九州市手向山《たむけやま》山頂に建てた宮本武蔵顕彰碑。漢文で千百余文字が刻まれている。この碑文全文は『本朝武芸小伝』（一七一六年刊）に掲載されている。のちに書かれた伝記『武州玄信公伝来』『二天記』もこの碑文に拠っており、武蔵の基本的史料となっている。

＊3　『兵道鏡』

一六〇五年に若き武蔵が書いた兵法書。基礎的な心得、形の説明、太刀遣いの心得、実戦的な心得など二十八箇条からなる。後に増補した本も含めると七本の写本が現存。

＊4　吉川英治『宮本武蔵』

一九三五年から朝日新聞に連載した「宮本武蔵」は大評判となり、吉川英治（一八九二〜一九六二）を国民的作家へと押し上げた。この小説が映画や芝居に翻案され、今日見られる武蔵像が生まれた（第4章参照）。

＊5　『二天記』

一七七六年、熊本藩の二天一流兵法師範・豊田景英が著した武蔵の伝記。景英の祖父正剛が残した武蔵の資料と直弟子などの覚書をもとに、父がまとめ、それを景英が改訂して『二天記』とした。

第4章――己が道に徹して、自在に生きる

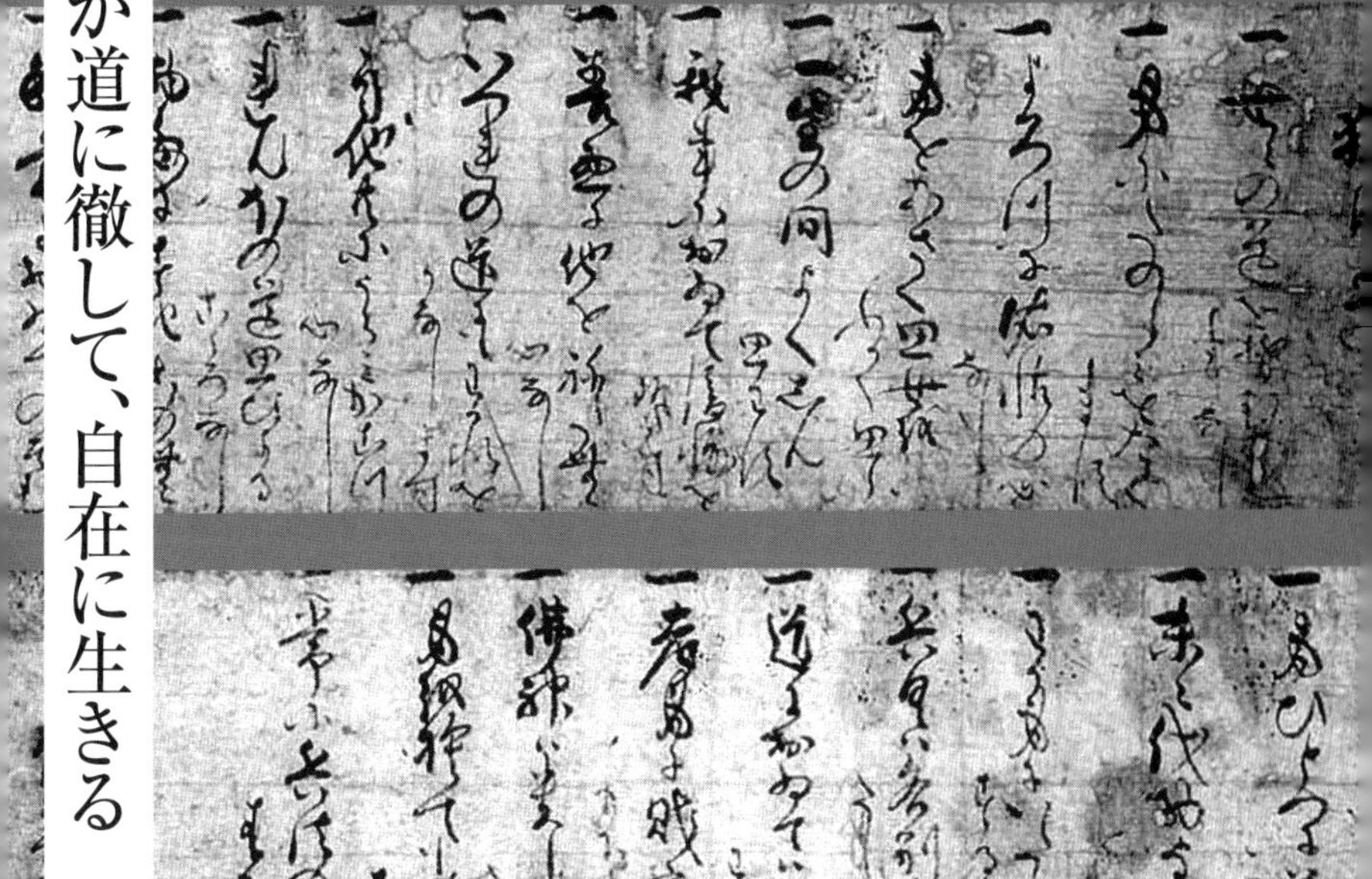

独行道

一　世々の道をそむく事なし
一　身にたのしみをたくまず
一　よろづに依怙《えこ》の心なし
一　身をあさく思　世をふかく思ふ
一　一生の間よくしん《欲心》思はず
一　我、事におゐて後悔をせず
一　善悪に他をねたむ心なし
一　いづれの道にもわかれをかなしまず
一　自他共にうらみかこつ心なし
一　れんぼ《恋慕》の道思ひよるこゝろなし
一　物毎にすき《数寄》このむ事なし
一　私宅におゐてのぞむ心なし
一　身ひとつに美食をこのまず
一　末々代物なる古き道具を所持せず
一　わが身にいたり物いみする事なし
一　兵具は各別よ《格余》の道具たしなまず
一　道におゐては死をいとはず思ふ
一　老身に財宝所領もちゆる心なし
一　仏神は貴し　仏神をたのまず
一　身を捨ても名利はすてず
一　常に兵法の道をはなれず

正保弐年
五月十二日　新免武藏
玄信（花押）

寺尾孫之丞殿

「風の巻」の構成

「火の巻」の結びにおいて武蔵は、他流をいろいろと尋ねてみたが、「一つも実《まこと》の心にあるべからず」であったと記しています。戦い方を自ら徹底して分析していればこそ、他流の誤りが一層目についたのでしょう。この結びを受けて、他流の誤りを批判するのが「風の巻」です。

しかし、批判することが目的ではありません。「風の巻」の冒頭において、武蔵は「他流の道をしらずしては、我一流の道、慥《たしか》にわきまへがたし」と述べ、他流の誤りをよく知ることで、正しい道理を確かめよ、と書いています。

「風の巻」の「風」は、昔風、今風、家々の風などと言う場合の風で、それぞれの流派のやり方を示す巻であることを表しています。

以下、九箇条にわたって他流批判が展開されますが、内容的に整理してまとめると、次のようになります。第一条・第三条は、太刀の長さにこだわることへの批判。第二条・第八条は、太刀を強く、速く遣うことに関する批判。第四条・第五条は、太刀遣いの形や構えを多くすることへの批判。第六条・第七条は、目付や足遣いなど、特殊なからだの使い方をすることへの批判です。ここまでは具体的な技の心得についてですが、

第九条は、教えを秘伝化することへの批判です。結びに武蔵は、この巻を書く理由を改めて記し、偏りなく正しい心を働かせることが大事であるとしています。

太刀の長さにこだわるな

武蔵は「地の巻」から一貫して、実戦のあらゆる場面に通用する術こそが剣術の「直《じき》道《どう》」、すなわち、真っ直ぐで正しい道であると主張してきました。そこで、まずは、ある場面においては有利だが、他の場面においては不利となるような他流の「偏り」を批判します。

最初は長い太刀にこだわる流派への批判です。「他流に大きなる太刀を持《もつ》」流派がある。これは、太刀の長さにより、間合いの遠いところから敵に勝とうと思う「心のよわき故」であると武蔵は喝破します。長い太刀は、敵との間合いが近くなって組み合う状況や、狭い場所ではかえって不利となるし、力が弱いと長い太刀を使いこなせないので、長い太刀にこだわるのはよくない。もちろん長い太刀が有利なこともあるので、むやみに長い太刀を嫌うというのではない。長くてはならないと思い込む、偏った心を嫌うのだと武蔵は言います。

逆に「短き太刀を用《もちい》る」流派もあります。この流派では、短い太刀で、相手が振る太刀の隙間を切ろう、飛び入ろう、つかもうなどと思う心があり、やはり偏っている上に、大勢の敵の中では役に立たないものである。そもそも、隙間を狙おうとすれば万事が後手になるので、同じことなら、「我身はつよく直《すぐ》にして、人を追廻し、人に飛びはねさせ、人のうろめくやうにしかけて、慥《たしか》に勝所を専とする」のが直道であると言います。

武器の形状や有無にこだわらず、いかなる時にも勝てるように考えなければならないというのが、武蔵の教えでしょう。

太刀を「強く」「はやく」遣うことの批判

太刀を力ずくで遣うことを、武蔵は否定します。

太刀につよき太刀、よわき太刀と云事はあるべからず。つよき心にてふる太刀は、あら《荒》き物也。あらきばかりにては、かちがたし。又つよき太刀と云て、人をきる時にして、むりにつよくきらんとすれば、きれざる心也。（略）

誰におゐても、かたきときりや《切合》ふに、よわくきらんつよくきらんと思ふものなし。唯人をきりころさんとおもふ時は、つよき心もあらず、勿論《もちろん》よわき心にもあらず、

敵のし《死》ぬるほどと思ふ義也。若《もしく》は、つよみの太刀にて、人の太刀強くはれれば、はりあまりて必ずあしき心也。人の太刀に強くあたれば、わが太刀もおれくだくる所也。然《しかる》によつて、つよみの太刀など云事なき事也。

（太刀に強い太刀、弱い太刀ということはあってはならない。強い心で振る太刀は、粗いものである。粗いだけでは勝ち難い。また強い太刀がよいと言って、人を切る時に無理やり強く切ろうとすれば、切れないものである。〈略〉

誰であっても、敵と切り合う時には、弱く切ろう・強く切ろうなどと思う者はいない。ただ敵を切り殺そうと思う時は、強い心でもなく、もちろん弱い心でもなく、敵が死ぬほどにと思うだけである。あるいは強みの太刀で敵の太刀を強く張れば、張り過ぎとなって必ず悪いことになる。敵の太刀に強く当たれば、自分の太刀も折れ砕けるものである。それだから、強みの太刀ということはないのである。）

「つよき太刀」を否定するのは、刀は力で叩くものではなく、切るものだからです。ここにも原理・根本に立ち返って思考する武蔵の特徴が見えます。無理に強く切ろうとすれば、切れず、敵の太刀に強く当たれば、自分の太刀が折れたり砕けたりすることもある。「水の巻」で見たように、「太刀の道」に即した太刀遣いが肝要なのです。

また、「他の兵法にはやきを用ふる事」の条では、自分だけとにかく速く太刀を振ればば有利だろうと思う流派を例にとり、それも違うと説きます。敵の立場になれば、それなら相手に速く振らせて疲れさせればよいと考えるからです。なぜ速くなるかと言えば、「はやきと云事は、物毎《ものごと》に拍子の間《ま》にあはざるによつて、はやきおそきと云心也」。つまり、相手との拍子の間が合っていないから速い・遅いが出てくる。「其道上手《じょうず》になりては、はやく見へざる物也」という言葉に続けて、武蔵はいくつかの例を挙げます。「はや《早》道」（飛脚）でも、朝から晩まで走るわけではない。また謡《うたい》でも、下手《へた》はゆっくりとした静かな曲でも遅れるし、また急な曲では早くなってしまうのに対して、「上手のする事は、緩々《ゆるゆる》と見へて間のぬけざる所也（上手のすることは、ゆっくりと見えても間が抜けないものである）」。そうした中でも太刀は、小刀と違って、速く切ろうとしても切れないものです。そして「火の巻」に言う「枕をおさゆる」心があれば、敵が技を出す前に抑えられるので、少しも遅いということはない。敵がむやみに速い時には、「そむく」といって、こちらは逆に静かになり、ゆっくりして、敵につられないことが大事である、とも言っています。

剣道では今も、高段者には七十代、八十代の高齢者が多くいます。動きの速さや筋肉の強さだけで言えば、もちろん二十代、三十代、四十代の者が上回るでしょう。しかし、剣道の勝負は速さ・強さではなく、相手との間合いが問題です。打つ以前に相手を制し、一瞬の間合いをとらえて自分が打つ。形稽古のところで述べたように、相手と自分との関係は、空間・時間を合わせた四次元的なものなのです。武蔵は、日本の剣術・剣道の根本にある戦い方を、他流を批判しながら解き明かしていると言えるでしょう。

構えや形が多い教えの否定

当時の剣術の稽古は、木刀で形を習うことが中心でした。そのため、いかに構え、どのような形を学ぶかが流派の眼目となり、それらは「秘伝」とされていました。しかし武蔵は、「他に太刀の構を用る事」の条で、さまざまな太刀の構えを第一とすることは誤りだと指摘します。そもそも、構えるのは敵がいない時のことです。勝負では、その都度、敵が不利になるように構えるのであって、決まった構えなどない。その状況の中で、自分がもっとも勝ちやすい構えを取ればよい。だから「有構無構」なのです。そして武蔵は、「火の巻」で述べた心理作戦をまとめながら、敵の構えを動かし、敵が思いもしないことを仕掛け、敵をうろめかせ、おびやかし、敵が混乱するところの拍子の理を受けて勝つのであるから、構えという先手を待つ心を嫌うのである、と述べます。

また、「他流に太刀かず多き事」の条では、太刀遣いの形が多いのは、「道をうり物に仕立て、、太刀数おほくしりたると、初心のものに、深く思はせん為成《ためなる》べし」、つまり、初心者に「たくさん知っている」と感心させるためであって意味がない、と切り捨てています。当時はどの流派でも数十本の形があるのが普通でした。「初伝・中伝・奥伝・極意」などに分け、初伝の五本を覚えたらその免許をもらい、次に中伝の八本を覚えたらまた免許をもらい、というようにして、すべての免許をもらったら免許皆伝とするシステムになっていました。しかし武蔵は、実戦ではそんな区別はない、重要なのはその都度の状況に応じて勝つことだ、と主張するのです。構えが上・中・下段、左脇・右脇と「五方」あるので、それぞれからの太刀遣いとして五本の形はあるべきであるが、それ以外に、手をねじったり、身をひねったり、飛んだり、身を開いたりして切るというのは正しい道ではない。「我兵法におゐては、身なりも心も直にして、敵をひずませ、ゆがませて、敵の心のねぢひねる所を勝つ事、肝心也」、すなわち自分は姿勢も心も真っ直《ます》ぐに保ちながら、相手が不自然になるように仕掛けて、その歪んだところを攻めて勝つというのです。

特殊な足遣いや目付の批判

「他流に足づかひ有る事」の条では、「浮足」「飛足」「はぬる足」「踏《ふみ》つむる足」「からす足」など、特殊な足遣いを良しとする流派を批判します。戦いは道場に限られるわけではなく、野外で山地や河原、泥田あるところや、細道など、どこで起こるか分かりません。特殊な足遣いでは戦いにくい場所もある。特に飛び足は、飛んで着地した時に「居付く心」があるのでよくないと言います。着地した瞬間は動けないので、そこを敵に狙われるということです。それゆえ、足遣いは普通の道を歩くようなやり方がいちばんよい。「敵の拍子に随ひ、いそぐ時、静なる時の身の位《くらい》を得て、たらず、あまらず、足のしどろになきやうに」、もたつかぬようにすべきなのです。

また「他流に目付と云《いう》事」の条では、敵の太刀や手、顔、足など、特定の部分に目を付ける流派も、「偏りたる心」として否定します。特にどこかに目を付けようとすると、「まぎるゝ心ありて、兵法のやまひ《病》と云物《いうもの》になる（捕らわれた心があって、兵法の病というものになる）」からです。目付については、まさに「水の巻」で武蔵が説いていたように、「観《かん》の目つよく、見《けん》の目よはく」して、広く全体を見て、「敵の太刀をしり、聊《いささかも》敵の太刀を見ず」ということでなければなりません。蹴鞠《けまり》や曲芸で何本もの刀を手玉に取る芸などでも、絶えず稽古して慣れれば、どこかに目を付けずともおのずと見えるものである。兵法の道においても、その敵その敵と戦い慣れ、人の心の軽重を覚え、道を行うことができれば、「太刀の遠近・遅速迄《まで》も、皆見ゆる」のです。したがって目付は、どこか特定の部分にではなく、大方は「其人の心」に付けるのが本当です。「観の目つよくして敵の心を見、其場の位を見、大きに目を付て、其戦のけいき《景気》を見、其おりふし《折節》の強弱を見て、まさしく勝《かつ》事を得る事」が大事なのです。

以上の八箇条は、技のやり方について、他流の批判を通して、「水の巻」と「火の巻」に記した自流のやり方が正しいことを、確かめているのです。

秘伝の否定——兵法の「まこと」の教え方

最後の「他流に奥表と云事」の条では、他流の教え方を批判します。

兵法のことにおゐて、いづれを表といひ、いづれを奥といはん。芸により、ことにふれて、極意秘事などといひて、奥口あれども、敵と打合《うちあう》時の理におゐては、表にてたゝかい、奥を以てきると云事にあらず。

（兵法のことにおいて、何を表と言い、何を裏と言おうか。芸により、事にふれて、極意・秘事などと言って、奥とか口とかがあるが、敵と打ち合う時の理においては、表で戦い、奥で以って切るということなどはない。）

一言で言えば、武蔵はここで秘伝ということを否定しています。他流では教える形を「表」と「奥」と区別し、「極意秘事」などと言うけれども、敵と打ち合うのに「表」の太刀遣いで戦い、「奥」の太刀で切るなどということはない。後に続く部分で「此戦《たたかい》の理におゐて、何をかかくし、何をか顕《あら》はさん」とも言っています。実戦では、そのような区別などないのです。あくまで具体的な状況を想定するリアリストの武蔵らしい表現です。

しかしこれは、この時代の常識からすればまずあり得ないことです。当時はいずれの流派でも、入門する時に、流派で教えられたことは、親兄弟であっても漏らさない、これに反すればいかなる罰を受けても構わないという「誓紙罰文《せいしばつもん》」を提出していました。それを武蔵は、「我が道を伝ふるに、誓紙罰文など丶云事を好まず」として否定するのです。

武蔵の教え方は、初めて道を学ぶ人には、やりやすい技を先に習わせ、早く納得できる理を先に教える。逆に理解の及ばない部分は、その人の理解が進む段階を見分けて、次第に深い理を教えるというものです。つまり、カリキュラムが先にあるわけではなく、学ぶ人が修得しやすいように教えるべきだと言うのです。「山のおく《奥》を尋ぬるに、猶《なお》奥へ行かんとおもへば、又口へ出るもの也」。技をいっそう上達させようとすれば、かえって「口」であった基礎的な部分が問い直されることにもなるのです。

此道を学《まなぶ》人の智力をうかゞひ、直《すぐ》なる道をおしへ、兵法の五道六道のあしき所をすてさせ、おのづから武士の法の実《まこと》の道に入り、うたがひなき心になす事、我兵法のおしへの道也。

（この道を学ぶ人の知力をよく測って、正しい道を教えて、兵法の五道・六道の悪い所〔身に着いている悪い癖や思い込み〕を捨てさせて、おのずから武士の法の正しい道に入り、疑いのない心にしていくのが、私の兵法の教えの道である。）

学ぶ者の理解度を見ながら、いかなる時にも通用する「直なる道」を教え、それまで兵法を学ぶ中で身に付けてきた癖や思い込んでいる悪い部分を捨てさせていく。学ぶ者がおのずから「武士の法の実の道」に入り、疑いのない心にするのが、自分の兵法の道の教え方だと言うのです。

このような教え方は、さまざまな分野の指導者についても当てはまるでしょう。力のない指導者ほど、教科書に頼り、「この通りでなければいけない」「自分は先生からこう教わった」などといったことにとらわれます。一流の人はそうではなく、その人その人を見ながら教えることができるのです。

他流の批判といっても、武蔵は「何流のこれこれはおかしい」などと一々挙げての批判は行いません。同じ流派で同じ事柄であっても、人によってその解釈や説明も異なるからであり、「後々迄《まで》の為に」、つまり後世に思い違いをすることを考えて、どの流派だとは限定せず、誤りやすいことを、「風の巻」の九箇条に分けて記しているのです。

以上のように、「風の巻」では、人がいかに外形にとらわれ、自分の流派だけの思い込みに固執しているかが示されました。では、武蔵自身はそうした思い込みにとらわれていないのか。最後の「空の巻」で、絶えず大きなところから見直すことの大切さが説かれます。

「空の巻」――「空」とは何か

「空の巻」は、『五輪書』の結びとなる巻ですが、他の巻と比較すると非常に短いものです。地・水・火・風の四巻は、兵法の道の内容を、箇条に分けて具体的に詳しく論じていました。これらは具体的な「ある所」のものです。一方、「空」はそれらの「ある所」の兵法の道を実際に行っていくことを通して初めて知られる「なき所」のものである、と武蔵は言います。「ある所をしりて、なき所を知る。是則《すなわち》空也」。個々の具体的な理のある所を知って、（具体的にはとらえられない）なき所を知る。これがつまりは空であると説くのです。

「空」と言えば、『般若心経《はんにゃしんぎょう》』の「色即是空《しきそくぜくう》、空即是色《くうそくぜしき》」を思い浮かべる方も多いでしょう。この仏教の深遠な思想を借りて、中世以降、芸道や武芸でもしばしば、究極の境地を示すために「空」が使われていました。芸や技そのものにとらわれず、無心となることによって、かえって至極の芸や技が生まれるといったことを表現するものとして使われていたのです。

武蔵はこれとは異なり、自らの道に即して独特の意味で「空」を使っています。「空といふ心は、物毎のなき所、しれざる事を空と見たつる也」。つまり、物ごとのないところ、いまだ知ることができないことを、空と見立て、そう表現するのだというのです。

世の中では、「物をわきまへざる所」、分からないことを「空」と見るが、それは「実《まこと》の空」ではない。また、兵法の道において、武士として道を行うのに武士の法を知らないのは「空」ではないし、いろいろな迷いがあってどうしようもないというのも、「実の空」ではない。「空」とは、このように悪い意味での「ない」ではないのです。

武士にとって「実の空」とは何か、次のように書いています。

武士は兵法の道を慥《たしか》に覚へ、其外《そのほか》武芸を能《よく》つとめ、武士のおこなふ道少《すこし》もくらからず、心のまよふ所なく、朝々時々《ちようちようじじ》におこたらず、心・意二つの心をみがき、観・見二つの眼をとぎ、少もくもりなく、まよひの雲の晴たる所こそ、実の空と知るべき也。

（武士は、兵法の道を確かに覚えて、その他武芸をよく努め、武士の行う道に少しも暗くはなく、心に迷いなく、毎朝毎時に怠ることなく、心意二つの心を磨き、観見二つの目を研いで、少しも曇りなく、迷いの雲の晴れたところこそ、真実の空と知るべきである。）

このように武蔵は、あくまで自らの「ある所」である兵法の道、即ち武士としての生き方の中で「空」を考えています。つまり、鍛錬を積み重ねて兵法の「ある所」の理を体得した果てには、このような自在な境地が開かれるというのです。

実の道をしらざる間は、仏法によらず、世法《せほう》によらず、おのれ〳〵は慥なる道とおもひ、よき事と思へども、心の直道《じきどう》よりして、世の大かねにあわせて見る時は、其身〳〵の心のひいき、其目〳〵のひずみによつて、実の道にはそむく物也。其心をしつて、直《すぐ》なる所を本とし、実の心を道として、兵法を広くおこなひ、ただしく明らかに、大きなる所をおもひとつて、空を道とし、道を空と見る所也。

（真実の道に達しないうちは、仏法であっても、世間の法であっても、自分では確かな道だと思い、よい事だと思っていても、心を正しくして、世の中の大法に合わせてみれば、その人のひいきの心、その人の歪んだ目によって、正しい道から外れているものである。そうしたことを知って、正しいところを本とし、真実の心を道として、兵法を広く行い、正しく明らかに大いなるところを思い取って、空を道とし、道を空と見るのである。）

真実の道に達しないうちは、自分ではよいことだと思っていても、「実の道」に背いているこどがある。だから、絶えず「心のひいき」や「ひずみ」がないか、自らを顧みなければならない。今はまだ分からぬところ、「なき所」があると思いとって、絶えず自己をとらえ直していかねばならない。そうしてこそ、何事にもとらわれず、どこにも安住しないで兵法の道を徹底していけるのです。

「空を道とし」とは、今の自分にはまだ開かれていない、分からない大きな世界があることに思いを致し、限りなく広がっていく「空」があることを心に置いて、兵法の道を修することを言うのでしょう。修行に果てはないのです。また「道を空と見る所」とは、兵法の道を実際に修していくことが、兵法の道に止まらぬ無限の世界へと開かれていくことを意味していると思われます。

この「空」について、武蔵は『五輪書』の前に書いた『兵法三十五箇条』では「万理《ばんり》一空《いっくう》」と言っていました。『兵法三十五箇条』は、武蔵が藩主細川忠利[*1]に呈上したものですが、ここでは、「万理一空の所、書《かき》あらはしがたく候へば、おのづから御工夫なさるべきものなり」とだけ記していました。具体的な術理の奥にはさらに深いものがあるが、それが何かを書き表すのは難しいので、ご自身で工夫なさってください、ということです。一方の『五輪書』は自分が亡くなったあとの世代のために書き遺すものなので「空」についても短いとはいえ一つの巻とし、それがいかなるものかを表現しようとしたのだと思われます。

「空」を思い取って開かれる世界

「空の巻」について、武蔵が完成した『五輪書』を譲り渡した直弟子の寺尾孫之丞《まごのじよう》は、『五輪書』の相伝奥書《そうでんおくがき》で次のように書いています。「就中《なかんずく》空之巻は、玄信公永々の病気に付て、所存の程あらはされず候」。しかし、地・水・火・風の「四冊之書の理、あきらかに得道候て、道理をはなれ候へば、おのづから空の道にかなひ候」、つまり、他の四巻を理解すれば、おのずと空の道が分かるというのです。

武蔵は「火の巻」の冒頭で、兵法を学ぶ心意気として、次のように書いていました。

我兵法の直道《じきどう》、世界におゐて誰か得ん。又いづれかきわめんと、慥《たしか》に思ひとつて、朝鍛夕練して、みがきおほせて後、独自由《ひとり》を得、おのづから奇特《きどく》を得、通力不思議有所《ある》、是、兵として法を行ふ息《いき》也。

〈わが兵法の直ぐなる道は、世界において〔自分以外に〕誰が得ようか、またいずれの者が極めようかと、確かに思い取って、朝から夕まで鍛練を続け、磨き果《おお》せて後、一人自由を得て、自然と不思議な力を身に得、万事に通じる力があるようになる。これが兵として法を行う心意気である。）

誰にも負けない心意気で朝から夕まで鍛練を続けていけば、「自由」な境地に至ることができると言っているのです。

さらに「地の巻」第四条では、「空の巻」を、次のように予告していました。

道理を得ては道理をはなれ、兵法の道におのれと自由ありておのれと奇特《きどく》を得、時にあいては、ひやうし《拍子》を知り、おのづから打、おのづからあたる。是みな空の道也。おのれと実《まこと》の道に入る事を、空の巻にして、書とどむるものなり。

（道理を会得すればもはや道理にとらわれず、兵法の道に自然と自由があって、いつの間にか不思議な力を得て、その時々に相応しい拍子を知り、意識しないでも自然に打てば、自然と当たる。是はみな空の道である。おのずと真実の道に入ることを、空の巻として、書きとどめるものである。）

第1章でも述べましたが、「地の巻」のこの部分は、「空の巻」までを一通り書いた後に、改めて書き加えた部分だと思われます。「道理を得ては道理をはなれ」とは、地・水・火・風の四巻に説かれた道理を体得すると、もはや一々意識せずとも自然と道理に適《かな》って動けるようになる、ということでしょう。

ここまで見てきた『五輪書』の内容をまとめて言うと、次のようになるでしょう。

日常生活から、隙のない全身一体の「生きたからだ」で動き、剣を取れば「太刀の道」に即して太刀を遣う。敵に対すれば、意識せずとも、予め「場のかち」を取り、常に戦いの主導権を握って、自らは「身なりも心も直にして」動き、逆に敵には無理な動きとなるように仕向けて崩していく。そうして敵の崩れが生じるや、即、意識せずとも正確な打ちが出る。「惣体自由」、すなわちからだは「やはらか」であり、伸びやかで「自由」であるが、その時々の状況や時節の拍子・勢いに適っているので、「おのづから打《うち》、おのづからあたる」――。

このように術がおのずから出るまでに、身も心も磨かれ澄んでくると、「空の巻」で言っているように「少もくもりなく、まよひの雲の晴たる所」に開かれていきます。そうなれば、武士としての生き方においても、「おのれと実の道に入る」ことになるのです。「実の道」は、絶えず自らの道を修行していく中で、おのずから実践されていくものなのです。

武蔵の言う「空」に神秘的な深い境地のようなイメージを抱いて、それに憧れている人もいると思いますが、武蔵はそのようなことを言ってはいません。武蔵の言うところは常に具体的で現実的です。そして読むだけでなく自分のからだで行えと繰り返し説く。こうして道理を身に付けていけば、迷いのない、自由な境地に開かれていくのです。

武蔵の終焉

『五輪書』を書き始めてから約一年後、武蔵は病気になります。細川藩で後援を受けていた家老に説得され、執筆のために籠もっていた岩戸山《いわとのやま》から城下に戻り、医師や藩士の看護を受けるようになりましたが、この間も『五輪書』を仕上げるべく力を尽くしていたようです。半年後の一六四五(正保二)年五月十二日、武蔵は死の一週間前にようやく『五輪書』を書き上げて、草稿のまま直弟子の寺尾孫之丞に譲り渡しました。

すでに自分の死期を悟っていたのでしょう。そのことを示すエピソードが『武州玄信公伝来』[*2]に記されています。

武蔵の死の前々日、沢村大学という八十六歳を超えた老将が病床の武蔵を見舞いました。武蔵は大学に、「今生《こんじょう》の御暇乞《おいとまごい》にて候（この世でのお別れです）」と述べたところ、大学は養生されれば大丈夫ですと伝えて帰ってしまいます。その後武蔵は、周りの者に、「沢村大学ほどの人が、自分が死期を悟って暇乞いをしているのに、養生すればよいなどという挨拶はないものだ」と言ったそうです。

武蔵は『五輪書』を譲り渡したその日、他の一切の所持品の始末をつけた後、自らの生涯を振り返り、二十一箇条の短文にまとめた『独行道《どっこうどう》』を記しています。「世々の道をそむく事なし」から始まり、「身にたのしみをたくまず」「善悪に他をねたむ心なし」「身ひとつに美食をこのまず」など、武蔵の生き方を表す言葉を思いつくまま並べた感があります。「我、事におゐて後悔をせず」。人生を振り返った時、明確にこう言える人は少ないのではないでしょうか。「仏神は貴し　仏神をたのまず」とも書いています。勝負事では多くの人が験《げん》を担ぎますが、武蔵はそれは弱さだと言う。『五輪書』を著すにあたって「天道と観世音を鏡として」書くと宣言したように、武蔵は常に大きなところから見ています。そういうものに頼って勝ちを得ようとする態度は、武蔵にはなかったのです。

二十一箇条の最後は、「常に兵法の道をはなれず」で終わっています。武蔵は『五輪書』冒頭の序で、「我《われ》、若年《じゃくねん》のむかしより、兵法の道に心をかけ」と述べていました。

そして最期の時を迎えるまで、兵法の道と共にあったのです。

『武州玄信公伝来』には、武蔵は「正保二年乙酉五月十九日、平日の如く、正念《しょうねん》にて命終らる」と記されています。「正念にて」とは意識がはっきりとしていたということです。こうした見事な最期を迎えられる人は、なかなかいないと思います。

武蔵没後の虚像の展開

武蔵自身は「風の巻」で教えを秘伝化することを否定していましたが、その意に反して、『五輪書』は十七世紀後半には二天一流の秘伝書とされます。五巻に分けられ、免許の代わりに順番に授与されるようになって、流派の中だけで、秘伝として受け継がれていたのです。その間、武蔵の教えや史実を離れた、虚像が広まることになります。武蔵を知る人たちがすべて亡くなったあと、さらに多くの逸話が語られるようになっていきます。

没後約七十年の一七一六（享保元）年に『本朝武芸小伝』*3という武芸者列伝が刊行されましたが、そこに、武蔵の事績を顕彰する小倉碑文の全文が写され、さまざまな逸話も載せられました。これをきっかけにして多くのフィクションが作られていきます。さらに二十年後には、歌舞伎の「敵討巌流島《かたきうちがんりゅうじま》」*4が、大坂・京都・江戸の三都で上演され大評判になりました。武蔵と小次郎の勝負を敵討ちの話に仕立てたこの歌舞伎は、もちろんフィクションで、敵討ちの話にした理由は、一七〇二（元禄十五）年に起きた赤穂浪士の吉良邸討ち入り事件以降、いわゆる仇討《あだう》ち物《もの》が町人層に大人気となっていたからです。

「敵討巌流島」の中では小次郎の役名が「佐々木巌流」でしたが、後の武蔵の伝記『二天記』は小次郎に「佐々木」とも言われると注記しているのを見ると、この役名を取り入れたのだと思われます。こうして「佐々木小次郎」となるのですが、現実の小次郎の姓は分かっていません。第3章でも述べたように、『二天記』は想像も交えて書かれた実録ものです。その成立は、武蔵が亡くなってから約百三十年後の一七七六（安永五）年でした。

またこの頃から、剣術のやり方も変化しています。木刀袋撓《ふくろしない》などで形を稽古するのではなく、面・籠手《こて》・胴という防具を着けて、竹刀で打ち合う竹刀剣術が下級武士や地方の豪農層の間で盛んになります。竹刀剣術が今日の剣道の基になります。これなら安全に試合が出来るので、十九世紀初期からは武者修行も行われますが、命懸けだった武蔵の時代の武者修行とは全く別ものです。やがて江戸の町道場への遊学が盛んになり、町道場で諸藩の下級武士の間の情報交換も行われて、幕末には討幕運動が活発になっていく一つの素地にもなります。

『五輪書』の再発見

明治維新を経て武士階級が解体されると、武術は市民社会の中で生き残るため、近代的に作り直すことを余儀なくされ、試合のルールも明確にして近代剣道が生まれます。そして一九〇九（明治四十二）年、武蔵が最晩年を送った地であり、遺品が残り、二天一流の伝承があった熊本で、世間の武蔵像の偽りを正して真を伝えようと、武蔵遺蹟顕彰会が諸資料を集めて『宮本武蔵』を刊行します。武蔵の生涯は、池辺義象が、江戸後期の伝記『二天記』に拠りながら、別の伝記『丹治峯均筆記』（『武州玄信公伝来』）や美作の地誌の記事も引用して書き、美作生誕説を打ち出します。資料の信憑性を十分吟味することなく、部分的な引用でしたが、江戸時代の資料が載せられたので、吉川英治をはじめ多くの著述家が拠ることになって通説化します。特筆すべきは、この書で二百六十年余りも秘伝書となっていた『五輪書』が初めて公刊されたことです。その四年後、高野佐三郎[*5]が学校教育での剣道の指導書『剣道』を著した際に、『五輪書』は剣道の理論や技術を詳説するのみならず、その精神の根本を説くものとして、巻末に全文を載せました。こうして『五輪書』は、近代において再発見され、剣道の古典となるのです。

しかしながら、フィクションを通じて広まっていた〝剣豪武蔵〟のイメージはあまりに強く、『五輪書』が世に出た後も、その内容はなかなか理解されませんでした。たとえば、現在の直木賞にその名を冠する直木三十五は、剣術史について書いた著作の中で、『五輪書』は当たり前のことしか書いておらず、たいしたことはないと記しました。これに異を唱えたのが菊池寛《かん》で、二人の間で論争が起こります。その論争を見ていたのが吉川英治です。吉川は、江戸時代にすでに広まっていた武蔵の伝記や逸話をさまざまに取り入れながら、小説を創作します。恋人・お通や、友人の本位田又八《ほんいでんまたはち》は、吉川が創った架空の人物です。また禅僧・沢庵との関係も事実ではありません。吉川の小説『宮本武蔵』とその影響については「はじめに」で触れましたが、吉川は小説が読まれれば読まれるほど、史実と間違えられて定着することを恐れて、『随筆宮本武蔵』を執筆しています。

宮本武蔵と『五輪書』の研究の進展

戦後になって一九六〇年代からさまざまな研究が進んできています。熊本で武蔵関係の資料を収集された富永堅吾[*6]『史実宮本武蔵』（一九六九）が刊行されます。若き武蔵の『兵道鏡』が翻刻されます（森田栄『日本剣道史』第九号／第十一号（一九七二／七四）。『五輪書』の翻刻・注解も出ます（渡辺一郎校注：『近世芸道思想』（一九七二）所収）。また丸岡宗男編『宮本武蔵名品集成』（一九七七）は、武蔵筆が確かな水墨画を載せるとともに、付録で宮本武蔵文献集として武蔵自筆書状や養子伊織や弟子筋の史料などを翻刻しました。その後、『五輪書』研究（拙稿「宮本武蔵における修行」一九八五）や諸本研究（松延市次「『五輪書』諸本について」一九八八）、熊本二天一流の伝書の翻刻（大浦辰男『宮本武蔵の真髄』一九八九）があり、武蔵晩年の熊本入り事情を示す自筆書状の発見（一九九四）がありました。これらの諸研究を踏まえた総合的な研究書が、拙著『宮本武蔵――日本人の道』（二〇〇二）と『定本　五輪書』（二〇〇五）です（本書「読書案内」参照）。

『五輪書』に学ぶ生き方

『五輪書』が初めて英訳されたのは一九七四（昭和四十九）年のことです。当時海外進出を進めていた日本企業や日本人の戦略を知るための格好のビジネス書としてアメリカ人の著名なコラムニストが紹介したのをきっかけに十万部におよぶベストセラーとなりました。その後『ジャパン　アズ　ナンバーワン』などで日本への興味が一層高まったこともあり、『五輪書』の人気は拡大し続けました。『五輪書』は、今では私が知る限りでも十種類の英訳が刊行されています。その他、フランス語、ドイツ語、スペイン語、ロシア語、中国語などの翻訳も出されています。

日本においても、『五輪書』はさまざまな形で読み継がれています。武道の世界では古典となっていますし、スポーツの世界においても、からだの遣い方や技の分析が役立つとして、広く読まれています。また、欧米の読み方が逆輸入されて、『五輪書』はビジネス書としての人気も高く、さらには人生の指南書としても読まれています。

このように多様な読まれ方がされている『五輪書』ですが、正確に読むならば、この書は、誇り高い独立不羈《ふき》の武士の精神と、専門の道をどこまでも徹底して追求していく日本の道の思想が独特の形で結びついたもの——と言えると思います。

武蔵は、兵法の道を生きて「個」を貫いています。組織の人間にはならず、一人の人間として独立して道を追求している。武蔵は「近代的な個人」とは別種の、道の鍛練に貫かれた「個」を確立しているとも言えます。それは、社会において自分の持ち場というものをはっきりと意識し、その道を徹底的に鍛練していくという人間のあり方です。現在でも、職人の世界にそうしたものが残っているでしょう。自らの仕事がはっきりしている場所で徹底的に経験を積むことで、ある普遍性が開かれる——武蔵はそうした生き方を端的に示していると思います。

武蔵はこの世に武士として生まれたために、武士の道を徹底して生きましたが、彼は、社会には他の道もあることを極めて冷静に見ています。武士以外にも農の道、工の道、商の道があり、兵法の道とは別に、儒学の道、仏法の道、茶の湯の道がある。これらの道をすべて見た上で、学ぶべきことは学び、自らは武士の道、「兵法の道」を生きているのです。そこに、人間・武蔵の確かさがあります。

武蔵は「地の巻」で「いづれも人間におゐて、我道〳〵《わがみち》をよくみがく事、肝要也」と書いています。それぞれに自分の持ち場や役割があり、自分の道というものがある。人生の中ではいろいろとやりたいことがあるかもしれないが、生きるとは、それらをどこかで断念して自分の道を選び、その道を絶えず工夫しながら徹底することである。

その一方で広い視野を持ち、さまざまなものに学ぶことも大切です。それを自分の道に活かし、昨日より今日、今日より明日と、常により上を目指して日々を大事に、着実に生きていけばよい。そうした積み重ねを通じてこそ、とらわれのない、より大きなところへと開かれ、自在に生きていけるのだ――と武蔵は伝えているのです。

＊1　細川忠利
一五八六〜一六四一。江戸前期の大名。小倉藩主・細川忠興の三男で、小倉藩藩主細川家二代となる。のち熊本藩五十四万石に封ぜられて初代藩主に就く。島原の乱に子・光尚と共に出陣し軍功をあげた。武人として柳生新陰流の奥義に達していた忠利は、武蔵からも剣術の指南を受けていた。

＊2　『武州玄信公伝来』
一七二七年、筑前黒田藩の二天一流の五代目・立花専太夫（丹治峯均）が、三、四代目からの伝承によって書いた武蔵の伝記。

＊3　『本朝武芸小伝』
一七一六年、日夏繁高が書いた日本武芸者列伝。十巻で百五十二名の伝記を記す。兵法・諸礼・射術・馬術・刀術・槍術・砲術・小具足・柔術に分かれ、小倉碑文は「巻六　刀術」に「宮本武蔵政名」として掲載されている。

＊4　歌舞伎「敵討巌流島」
一七三七年、大坂で初演。巌流島決闘伝説をもとに藤川文三郎が書いた。佐々木巌流に闇討ちにされた父の敵討ちのため、姉妹が巌流島で、月本武蔵之助の助力を得て巌流に討ち勝つという物語。

＊5　高野佐三郎
一八六二〜一九五〇。明治〜昭和期の剣道家。幼少時から祖父・高野苗正に小野派一刀流剣術を学び、上京して山岡鉄舟に師事。道場明信館、修道学院を設立する一方で、警視庁、東京高等師範学校、早稲田大学でも指導し、現在も受け継がれる剣道指導法の原型をつくった。

＊6　富永堅吾
一八八三〜一九六〇。教育者、剣道研究家。熊本菊池郡生まれ。熊本師範学校卒、小学校に勤めた後、東京高等師範学校に学び、東京府立第

一中学校教諭。その後、東京高等師範学校研究科に学んで卒業後、同校講師。剣道指導書『最も実際的な学生剣道の粋』刊行。一九三三年四十九歳で郷里に戻り、熊本県中央高等女学校校長を務める一方、武道研究に専念、二千三百点余の江戸時代の武芸伝書を収集（現在、熊本県立図書館に寄贈「牧堂文庫」）。没後『史実宮本武蔵』と『剣道五百年史』（一九七一）が刊行された。

ブックス特別章

わが道を生きる——宮本武蔵の生き方

宮本武蔵は「剣豪」と形容されていますが、彼自身は、剣術家という「武芸者」となることを否定し、立派な武士として生きることを目指していたことに注意すべきです。

武士の兵法をおこなふ道は、何事におゐても人にすぐるゝ所を本とし、或は一身の切合にかち、或は数人の戦に勝、主君の為、我身の為、名をあげ、身をたてんと思ふ。

と書いていることは、第1章で引用しました。剣術の切り合いから出発しますが、何事においても人に優れることを本分として「身をたてる」ことを目指しています。武蔵が言う「身をたてる」は、置かれた社会での立身出世ではなく、独立不羈《ふき》の精神の意味を持っていました。

先づ、気に兵法をたえさず、直《すぐ》なる道を勤ては、手にて打勝、目に見る事も人にかち、又鍛練をもつて惣体自由なれば、身にても人にかち、又此道に馴たる心なれば、心をもつても人に勝。此所に至ては、いかにとして、人にまくる道あらんや。

これも第1章最後に引用した文ですが、先の引用文と直結すれば、「何事においても人に優れる所」は、人間として誰にも負けずに独り立つ意識であることも明確になります。武蔵が、亡くなる直前に書いた「独行道」という語も思い合わされます。しかも引用文章の前に、「此道に限て、直《すぐ》なる所を広く見たてざれば、兵法の達者とは成がたし」と言っているので、「空の巻」で言っていた根本的な「直なる所を広く見たて」た上で、独り立つ精神なのです。

その上武蔵は、武士を、個々の士卒だけでなく、千人、万人を統率する大将を含めて考えています。士卒と大将のあり様を、平大工と棟梁に準《なぞら》えて、平大工も技に熟達し、建て方を知るならば、後には棟梁になると言っているので、実力によって、大将にもなり得ると考えていたことが分かります。

一介の武士である武蔵がこのように言うのは、江戸中期以降なら不遜とされたでしょうが、実は武蔵の養子の伊織は家老となって島原の乱では惣軍奉行を務めており、です。

『五輪書』を松井寄之らの家老も読むことを想定しているとすれば、不思議ではないのです。

又大きなる兵法にしては、善人を持事にかち、人数をつかふ事に勝ち、身をただしくおこなふ道にかち、国を治る事にかち、民をやしなふ事にかち、世の例法をおこなひかち、いづれの道においても、人にまけざる所をしりて、身をたすけ、名をたすくる所、是兵法の道也。

大将の「大分の兵法」においても、他に優れた者となるべく務めなければならないのです。大将として、有能な家臣を抱え、家中の士をそれぞれの適性に応じた持ち場につけて国を治め、民をやしなうのだから、社会全体のことをきちんと知っていなければなりません。大将としても、他に勝つのでなければならないのです。

これは『五輪書』を書いた晩年の意識ですが、彼自身の生き方に基づいています。武蔵は生家が天下統一の過程で敗れた家で、武士として残るために養子となったため、武士として生きることの意識が強かった。しかも養父が「天下無双」を名乗る武芸者であった故に、武蔵には若い時代に武者修行をして「天下一」となった自負が加わっている。さらに武蔵が生きた江戸初期は、幕藩体制の形成期で、武芸者が重んじられた時代背景を考える必要があります。

この特別章では、一般に知られておらず、本論でも論じなかった事柄に触れながら、武蔵の生涯を深く具体的に見ながら、いかに『五輪書』に至ったのかを考えてみたいと思います。

「天下一」の自覚――二十歳代の『兵道鏡』の内容

武蔵の武者修行でも吉岡一門との三度の戦いが大事で有名なものであったことは、第1章で述べ、実際の戦い方を第3章で紹介した際に、この戦いの後に『兵道鏡』を書いたことを述べました。『兵道鏡』に基づいて、若き武蔵の術理について見ておきます。

『兵道鏡』には、「慶長十年極月」「宮本武蔵守藤原義軽（経）」という晩年の「玄信」とは異なる署名があり、その真偽は不明でしたが、調べてみると、武蔵の若い時代の弟子筋に八本もの写本があって、そこには後に「玄信」と名乗るとする記述があり、後の『兵法三十五箇条』と合冊としたものもあります。内容が養父無二の手になる『当理流目録』を踏まえており、後の武蔵の書に通じる内容なので、若い武蔵のものと確定することができます。

「慶長九年初冬の頃、勿然《こつぜん》として審《つまびらか》に的伝之秘術を積り、明鏡の書を作」ると跋にあり、「円明流　天下一」と称していますが、吉岡一門との三度の戦いに勝って「天下一」を名乗った高ぶりが見られます。「古今無双之兵法、後々末々迄、失絶すべからざる為に、先跡無類之秘事等、書き付け置かしむる也」。養父の「天下無双」を意識して「古今無双之兵法」と言い、歴史に残しておくために、今までにない秘事を書くと言っているのです。

「的伝之秘術」と言っていますが、語義通り正統から正統へと伝わる秘術とは、養父の当理流を踏まえつつ、自身で考えて「古今無双」の兵法を工夫したということでしょう。実際養父は項目だけを書いた目録を出していましたが、武蔵はその独特の用語を使いながら、この『兵道鏡』二十八箇条で具体的に詳しく述べているのです。

冒頭の「心持之事」では、立ち合った時、声高く、顔赤く、筋立って太刀を持つ敵は下手なので、笑って敵が訝しく思ったところを打て、静かで太刀を浮かせて持つ敵は上手なので早く打て、などと敵を冷静に見て取って上手・下手を見極めて戦うことを説いています。流派の太刀として「指合切之事《さしあいぎり》」以下、二人で稽古する形《かた》七本を示し（養父の目録にも「差合伐《さしあいぎり》」の項目が見られます）、続いて「転変之位事」でその変化の仕方も述べています。戦いの心構えを示す「勝味位《かちみのくらい》」八箇条では、敵の思いもよらぬことをして戦いの主導権を握ることや、敵の構えで足が出ていれば足を狙い、手が出ていれば手を打つこと、それぞれの構えが、どのような敵の構えに有利かを説きます。その他、二刀の構え方と遣い方を説明し、左手に持った小刀を手裏剣として投げつけることや、さらには「敵上手にて何とも勝つべき様の見へざる時」には、一刀で振ってから、隙を見て脇差を抜いて敵の懐《ふところ》に入って切れと書いています。最後の「直通之位《じきつうのくらい》」では、敵と立ち合った時には、有利な構えを取り、「間を積り、一念に思ふ所の星（狙い所）を少しも違へず、縦《たと》ひ大地は打ちはづす共、此太刀努々《ゆめゆめ》はづる丶事なかれと、おそろしき気をすて、ここここそ、直通一打の所なれば、力に任せて打つべし」と書いています。全精力で打ち下ろして一撃で決めよというもので、武蔵の実戦勝負を彷彿とさせます。相手を正確に見取って実戦的にさまざまな戦法を考えている若き武蔵の剣術論が見えます。

『兵道鏡』は、慶長十二年十一月には二箇条を増補して、上下二巻とされます。さらに慶長十三年十二月付で「水野日向守《ひゅうがのかみ》殿参」の写本もあります。日向守は水野勝成、家康の生母の弟の家の出で、武芸好きの大名でした。

この書のことは『五輪書』では触れていませんが、若き武蔵が、実戦勝負を行いながらも、術理を冷静に分析していたことを示しています。

『五輪書』には「其後国々所々に至り、諸流の兵法者に行合、六十余度迄勝負すといへども一度もその利を失はず。其程、年十三より二十八、九迄の事也」とあります。武蔵が諸流の武芸者と六十余度まで勝負したのは、この「天下一」の実力を証明するためであり、「天下一」を名乗ったからこそ、多くの武芸者に挑まれたからでしょう。わずかな伝承を合わせて考えれば、京都から江戸、尾張、九州まで諸国を巡り、最後に小倉近くの無人島で巌流の小次郎と勝負したようですが、その勝負の実際については第3章で推定しました。

武蔵が諸国武者修行をしていた時期は、関ヶ原合戦後の不穏な時代で、武者修行と実戦勝負が最も盛んで厳しかった時代でしたが、命を賭けた勝負を六十余度も行い、その全てに勝ったというのは、単に強さを求める以上に、道を極める意識が働いていたと思われます。この卓越した実戦剣術の経験と「天下一」という誇りが、『五輪書』の武蔵の術理の根底になっていると言えます。

「なおもふかき道理」の追求――壮年期、大名の「客分」として

武蔵は『五輪書』で、三十歳を越えてから、改めて全て勝ったこれまでの勝負を振り返って、まだ「兵法至極」にして勝ったのではないと反省し、「なおもふかき道理」を得ようと朝鍛夕練を重ねたと書いていました。実戦勝負の時代を終え、兵法の道理を追

求する時代に入ったのです。武蔵が大名家に呼ばれて指導するようになったからだろうと思います。

武蔵三十歳は慶長十六年（一六一一）になります。家康が上京して豊臣秀頼と会見し、西国大名に対して三箇条誓約を幕府に提出させた年であり、大坂包囲網が築かれていました。

慶長十八年の大名の貴重な記録があります。豊後日出《ぶんごひじ》三万石の藩主『木下延俊慶長十八年日次記』がそれで、大坂の陣直前の一年間の藩主の行動を侍臣が日毎に記録したものです。大名自ら剣術や弓術を稽古するとともに、茶の湯や謡なども家元に習っています。木下は豊臣秀吉の正室高台院の甥だけに、幕府との関係に特に気を遣わなければなりませんでしたが、正月の江戸城参賀に始まり、将軍秀忠の茶会に招かれ、幕閣、諸大名と交遊を重ねた後、二月に東海道を下向、駿府で大御所家康に挨拶して、京都に着いて藩邸で四ヶ月を過ごしますが、所司代や高台院、関白にも会い、六月には大坂城の秀頼に挨拶して、領地に帰国しています。江戸でも武芸者が出入りしていましたが、京都では「兵法者無二」が木下家に出仕しています。姓は記されていませんが、家老の記録には宮本無二とあるので、武蔵の養父です。日出まで付いていき、度々稽古しています。京都では弓道の伴道雪《ばんどうせつ》も藩邸に来て弓の稽古をし、また茶の湯の千少庵《せんのしょうあん》や観世流の能楽師も訪れて稽古しています。木下は帰国後も能楽師を国元に呼び寄せ、鼓や謡を稽古し、また自ら茶室を設計してもいます。無二も茶の湯の席や能楽師との会食の席に連なっていました。この時期には武芸者は大名と近しく、諸芸の名人たちとも交流があったのです。

慶長二十年（一六一五）、大坂夏の陣で徳川家康は豊臣秀頼を滅ぼしましたが、武蔵は徳川方の譜代大名の下で出陣しました。徳川方水野勝成の出陣名簿で嫡男附きの騎馬武者の中に「宮本武蔵」の名があります。慶長十三年に『兵道鏡』を呈上して以来の関係があったのでしょう。

大坂の陣の後、幕府は一国一城令、武家諸法度を公布して、幕藩体制を急速に固めていきました。改元されて「元和偃武《げんなえんぶ》」と呼ばれますが、ようやく合戦がなくなり、大名も法度によって統制されます。ここで時代が大きく変わることになるのです。

元和三年（一六一七）、姫路城を築いた池田輝政の跡継ぎが前年に急逝したので、播磨五十二万石は分割され、姫路には徳川四天王の一人の本多忠勝を継いだ忠政が十五万石で入ります。跡取りとなる忠刻《ただとき》に、将軍秀忠の娘で豊臣秀頼に嫁いだ千姫が救出され再婚したので、その化粧料として十万石が別に与えられ、また明石には家康の外孫の小笠原忠真《ただざね》が十万石で入りました。忠真は、大坂の陣で父と兄が戦死したので家督を継ぎ、兄の未亡人となった本多忠政の娘と結婚しました。

武蔵は陣後、生家近くの姫路に居たようで、本多家の客分となり、忠刻や藩士に剣術を指導していたようです。さらに水野家の鑓《やり》奉行の息子で十四歳の三木之助を養子とし、忠刻に仕えさせています。

元和五年、幕府は、瀬戸内海を押さえる上での要衝明石に城を築かせましたが、姫路の本多家も幕府の指示で助力しました。その際に、武蔵が明石の町割りをしたという伝承がいくつかあります。小笠原家も本多家も転封《てんぽう》してきたばかりで播磨の事情が分からない中で、播磨出身で客分で信用できる武蔵が協力することになったのでしょう。播磨の地誌を知り、諸国を歩いた武芸者で、かつ旧族であった実家の縁で播磨の有力者とも交渉できたからだろうと思われます。

姫路時代から武蔵は禅に親しみ、達磨絵を描いていたという伝承もあります。先の兵法者無二は老齢でしたが、「天下一」を自任する壮年期の武蔵は、藩主たちのあつい信頼を受けて活躍し、また自ら諸芸を嗜《たしな》んでいたことが想像されます。

寛永三年（一六二六）、大御所秀忠と将軍家光が上洛して、天皇が二条城に行幸し、全国の諸大名が供奉《ぐぶ》して徳川家への臣従を確かなものとします。播磨の地でも大きな変動がありました。姫路の本多忠刻が三十一歳で病死し、千姫は江戸に戻ることになります。養子の三木之助は忠刻に殉死し、その実弟が宮本家を継いでいます。

この年に武蔵は、実兄の次男で十五歳の伊織を養子としました。この養子縁組も田原家の者を武士として残す意味があったはずです。伊織は小笠原忠真に出仕し、武蔵も客分として小笠原家に移ったようです。小笠原家にとっても、明石城の町割りの実績があり、有名武芸者である武蔵を迎えることは誇りでもありました。武蔵が「伊織には術を伝えず」(『宮本家由緒書』)というのは、今は武芸より、藩主の側近として組織を動かしていくことが重要だと考えたのでしょう。

明石時代の逸話として、夢想権之助との立ち合いの伝承があります。関八州から奥州まで武者修行をして「兵法日本一」を称していた夢想権之助が弟子八人を連れて西国へ下る途中、武蔵が明石に居ると聞いて、道場に乗り込んできて勝負を挑みました。武蔵は二尺ばかりの木切で四尺余りの木刀を持った相手に打ち込ませず、さらに道場の隅に追い詰めて、眉間を打って格の違いを見せて勝ったといいます。これを載せた『海上物語』は、武蔵没後二十年の一六六六年の刊行なので古い伝承です。同じ『海上物語』には、武蔵が主君に命じられて達磨絵を描いたが、不出来だった。伏せってから起き出して描くと見事な画が出来上がった。その理由を弟子が尋ねると、武蔵は「我本位の兵法を出さざる故に不出来なり」、「太刀を取る則《ときん》ば、我もなく、人もなし、天地やぶれて居るなり」、この気迫で描いた故に画になったのだと答えた、と書いています。兵法の利によって武蔵は画にも通じたのです。

武蔵は、姫路、明石という京に近い地の譜代の客分としての社会的信用を持つとともに、藩の仕事に縛られずに自由な身であったので、諸芸諸能の名人たちとも交わり、また禅寺などで水墨画の名品を数多く目にしていたはずです。水墨画は、対象の本質的なものを見て取り、最少限の線で描きます。紙に一気に描く集中力を必要とするところに、剣術の勝負の気合に似たところを感じていたのでしょう。武蔵の水墨画には山水画はなく、達磨絵や鳥が多い。描く自身の気が画に表れるのが気に入っていたのでしょう。このような諸芸諸能の道を広く知ったことにより、剣術だけではなく、諸芸に通じる普遍的な道を考えるようになったと思われます。

道に達する――五十歳、養子・伊織と共に

武蔵は『五輪書』で、「をのづから兵法の道にあふ事、我五十歳の比なり」と言っていました。剣術も太刀で打ち合う以前に打ち出させずに勝つ。そもそも敵に挑もうという気を起こさせず、日常の進退所作から静かにいることこそ、より上だと言えます。諸芸においても、兵法の利にまかせれば、「万事におゐて我に師匠なし」と言い切れる境

地に達したのでしょう。

武蔵五十歳は、寛永八年（一六三一）にあたります。まさにこの年は、伊織が出仕五年後で家老に抜擢された年です。譜代の家臣が多い中で、新参者で二十歳で家老というのは異例と言えます。当時は家単位で考えていたので、小笠原家にとっては、武蔵の後援を意識し、地元勢力の登用という意味もあったと思います。家老は合戦となれば大将となるので、伊織が家老となったことの意味は、武蔵にとっても大きかったと思います。

しかも翌寛永九年は、大御所秀忠が没して将軍家光の親政となった年で、九州熊本の加藤家が改易されます。これに伴って幕府の命により、小倉の細川家が熊本に入り、小笠原家は明石十万石から九州の要の小倉十五万石に加増されて移されることになります。家老の伊織と共に武蔵も小倉に渡りました。五万石加増された領地替えなので、家臣団全員の知行地を決定することにより伊織は地位を固めて、知行二千五百石を拝しました。外様ばかりの九州の地に譜代大名が入ったのは初めてであり、しかも大坂の陣で戦死した小笠原忠真の兄の子も隣国の中津に入ります。

それから五年後の寛永十四年十月、九州の島原でキリシタンや牢人・農民たちが蜂起し、三万七千人が原城に立て籠もるという島原の乱が起きます。乱の勃発を聞いた家光は側近を派遣しましたが、鎮圧は容易ではありませんでした。事態を重く見た幕府は、翌年一月、老中松平信綱を派遣すると共に、九州の諸大名を動員して計十二万四千人の大軍勢で鎮圧を図ります。この時伊織は、瀬戸内海を下って急遽領国へ帰国できるように他藩の大名たちに馬を手配し、また老中松平信綱の軍勢の兵站も掌《つかさど》っています。伊織は小倉藩兵八千百人を率いた惣軍奉行となり、武蔵は、小倉勢と一体で行動した中津藩の騎馬武者として出陣しています。幕府軍の総攻撃の時、伊織の隊は整然として戦って活躍し、隣の黒田藩の大名から賞されるほどの活躍をしました。武蔵も前線に出て石を足に受けますが、宮崎の大名有馬直純に軍功を証する書状を書いています。武蔵は、合戦での大将の働きの実際も承知していたのです。

島原の乱における活躍が認められて伊織が藩の筆頭家老になったのを見届けてから、五十代も後半に入った武蔵は、自分の兵法を伝え残すべく、江戸や尾張に赴いたようです。

武蔵が林羅山と交流したのもこの頃でしょう。『羅山文集』に武蔵像賛《さん》として、武蔵の「二刀一流」は「心に得、手に応ず」とし、敵が「撃てば則ち挫き、攻れば則ち敗る」と書いています。敵に太刀を打ち出させずして勝つことを表現したのでしょう。

しかし時代は寛永の末期で、幕藩体制の組織・制度が整備されてきた時代です。将軍家においても各藩においても兵法師範が定着して、その職は子や門弟に受け継がれるようになっていました。しかも武蔵は、当時の剣術や流派のあり様を越えた剣術観を持っていたので、技のすごさは認められても、その考え方は、容易には理解されなかったようです。

寛永十五年十一月の奥書を持つ十四箇条の覚書『兵法書付』があります。若い時代の『兵道鏡』では、敵のあり様を見て、その上手・下手を見分け、出たところを打つことを言っていましたが、この覚書になると、行住座臥、常に兵法に心をかけ、日常からたえず負けざる所を分別し、「直なる心」で万事の帰趨する所を見極めよとし、「常にも兵法の身なりにして」と日常生活からの心掛けを強調しています。「目付」では、「見の目をよはくみて、観の目をつよく見」るべしと、後の『五輪書』に近い表現になっています。また太刀の形を五本に限定し、後の熊本の二天一流に伝わる相伝書と大部分同じ説明が見られます。「手に当ること八つ」「足に当ること六つ」、敵の太刀の受け方四つ、敵の懐への入り身四つなどと、さまざまな敵への対処法を網羅的に列挙することで、いつでも通用する「道理」に達することを示しています。『兵法書付』によって、二十代半ばの『兵道鏡』から『五輪書』への展開が見通されるのです。

道を伝える――『五方之太刀道』から『五輪書』へ

寛永十七年（一六四〇）八月、武蔵は熊本・細川藩の客分となりました。熊本藩は五十四万石という大藩で、武芸の盛んな地です。藩主の細川忠利は武蔵と同世代で、文武ともに優れ、剣術においても柳生宗矩の高弟であり、将軍の御前で柳生十兵衛三厳と演武するという腕前でもあり、島原の乱でも大将として目覚ましい指揮をしました。筆頭家老の長岡佐渡守興長は、武蔵の養父の後援者であり、島原の乱に参陣中、わざわざ武蔵に使者を遣わしていました。武蔵は、この長岡佐渡守に書状を送って、その仲介で、熊本藩の客分になったことが、一九九四年発見の自筆書状によって判明しました。時に武蔵五十九歳でした。

武蔵は、柳生新陰流の師範とも立ち合いましたが、相手に少しも技を出させないまま勝ったといわれています。武蔵の二刀一流は藩内に広がることになりました。翌寛永十八年二月、自らの剣術の心得の覚書『兵法三十五箇条』を書いて、藩主に呈上しました。技の基礎を重視し、太刀を遣う時には、その都度最も振りやすい「太刀の道」に即して遣わなければならないと、太刀遣いの原理を明確に示しています。また敵が技を出す前に見抜いて、敵が打とうと思ったその瞬間に技を抑えて技を出させない「枕のおさへ」を言います。さらに太刀は常に敵と状況に応じて構えるのであって、最初から構える心があってはならないとする「有構無構」の教えは、新陰流を修める藩主を意識した注意でしょう。最後は「万理一空」という語で締め括られています。書き著しがたく、自身で工夫すべきものと書いてあるだけですが、後の『五輪書』の「空の巻」に展開されます。これらは『五輪書』の基礎となる剣術理論です。

藩主忠利は前月から病気になっており、その一ヶ月後に急逝します。武蔵にとって衝撃は大きかったのですが、次を継いだ若い藩主や家老に引き続き厚遇されたので、そのまま熊本に留まります。この後、武蔵の門弟となった者は、藩主・家老から軽輩まで、熊本藩や長岡家中で千余人を数えたといいます。晩年の武蔵は、剣術の指導以外に、坐禅をし、画を描き、また家老たちの茶の湯や連歌の会に招かれたりして、閑《しず》かな日々を過ごしていたようです。けれども生涯を通じて自身が達したものを次世代に書き遺しておこうという思いは次第に固まっていきました。

「今、世の中に兵法の道、慥《たしか》にわきまへたる武士なし」と『五輪書』に書いています。大坂の陣以来、全国規模の合戦がなくなって三十年近くが経ち、社会を領導するのは、徳川体制となってから生まれ育った若い世代で、彼らは藩内の組織しか見ていない。五年前の島原の乱での戦い方を見ても心もとなく思ったことでしょう。当時、西日本では寛永の大飢饉が見られましたし、中国大陸では満州に興った清が明帝国を滅亡させていました。またいつ戦いになるかも知れない。いかになろうとも武士としての覚悟を持って生きなければならない。道場だけの流派剣術では実戦に通用しない。生涯を通じて鍛練してきた兵法の実の道を伝えておかねばならない。

武蔵の「道」の意識の高さは、『五輪書』の当初の序と見られる『五方之太刀道』に現れています。

「凡そ習ふ者をば、諄諄然として誘《みちび》かば、能く旁《あまね》く達すること有らん」。「其の之れを求むるに、曲を釈《す》て正に趨《おもむ》き、日に練月に鍛、己を励まし功を積むときは、則ち神《しん》にして符会す。目撃して存すべし。周旋《しゅうせん》道に刑《のっと》り、闇《くらき》に服《つい》ても誤らず、他期臍《ほぞ》を噛むこと有ること無し。而して後能く得ん。」

（およそ兵法の道を諄々とよく分かるように教え導けば、あまねく達するだろう。道を追求するのに、間違ったことを捨て、正しいことに赴き、日々鍛錬を積み重ね、自らを励まし功を積んでいけば、やがて霊妙な働きにより会得するであろう。見るだけで分かるだろう。（日常の）起居振る舞いが道に則り、よく知らぬことでも誤ることがない。後悔することもない。そうして後、よく得るのである。）

「もし手技卓絶にして、百巧の変を騁《は》する者有らば、其の技惟れ谷《きわま》れりとも、人に伝えるときは、則ち猶瀋《しる》を拾ふがごとき也。独り吾が道は、心に得、手に応ず。而して必ず百世の師為《た》ること有らん。此の後を亜《つ》いで道を言ふこと有ても、必ず吾が道に従う也。道同一にして、軌何ぞ多からんや。縦《たと》ひ夫れ旧を厭ひて新を吐《ひら》くとも、夷《い》路《ろ》を舎《す》て回径《かいけい》を踰《こゆ》る也。

天鑑するに、誇つて大にするに非ず。此の道言ふべきこと茲《かく》の如し。唯誠心と直道と有るのみ。」

（もし（太刀遣いの）手技が卓絶し、いかなる技も巧みにできる者がいたとしても、その技を極めていても、それを人に伝える段になると汁を拾うようなもので、到底つたえられない。独り我が道だけは、（道理に則っているので）心で会得し、身体で技が行える。そうであるから、必ずや百世の師となることがあるであろう。（自分がこのように言った）この後を継いで、道を言うことがあるとしても、必ずや我が道に従うであろう。道が同一であるのに、どうして行く道筋が多くあるであろうか。たとえ旧いものを嫌って新しいことを言い出そうとしても、平坦な道を捨てて、わざわざ回り道を越えていくようなものである。

天を鑑みて言うのであるが、誇って（このように）大なることを言うのではない。この「道」と言うのは、次のように言うべきである。ただ誠心と直道があるのみである、と。）

漢文の表現故に、少し誇張されているところがありますが、「百世の師」となるという道の普遍意識が明瞭に出ています。

しかもこの漢文序を清書していながら取りやめ、寛永二十年（一六四三）十月十日に郊外の雲巌寺の霊巌洞に籠り、和文で自身の来歴に基づくことを書くことによって、普遍性への意識が一層高まったことは、第1章で述べました。

『五輪書』の内容は本論で詳しく述べました。日常の姿勢や心持から正し、外形ではなく、原理を探求して摑み、自らの感覚を研ぎ澄ませていく。大きな視野から技だけでなく、戦い方も分析をして、合戦にも通じる理を考えます。そして剣術の鍛錬を核とした武士の生き方を書く『五輪書』の論が展開したのです。地・水・火・風・空の五巻に分けることによって、内容的に大きな飛躍があったのです。

『独行道』──「常に兵法の道をはなれず」

雲巌寺に籠って『五輪書』を書き続けていましたが、武蔵はやがて患うことになります。寛永二十一年（一六四四）十一月家老の長岡佐渡守と頼之が鷹狩りに託《かこつ》けて見舞い、説得して城下に連れ戻します。長岡家家臣が付きましたが、藩主からも寺尾《てらお》求馬助《くめのすけ》が付けられ、医師も派遣されました。手厚い看護を受けながら、『五輪書』の完成に最後の力を振り絞ります。翌正保二年（一六四五）五月十二日、「地の巻」と「水の巻」を書き直したところで、未完成ではありましたが、ここまでとして直弟子に草稿のまま譲ったようです。これを読めば大事なところは伝わる。『五輪書』の内容は、道を徹底して生きた個の、時代を超えて伝わる確かで広やかな世界を示しています。

その後、自らの人生を振り返って書いた最後の書は『独行道』と題されています。「独行道」は武蔵の人生を凝縮したような言葉です。最後の箇条を「常に兵法の道をはなれず」と締め括っています。武蔵は、六十年余りを、武士としてわが道を独り生き切り、我々に大いなるものを遺していったのです。

宮本武蔵　略年譜

天正十（一五八二）年
武蔵、播磨で誕生
天正十九（一五九一）年
この頃までに美作の宮本無二の養子となる
文禄三（一五九四）年
十三歳で初めての勝負に勝つ
慶長五（一六〇〇）年
九州で東軍方黒田勢として合戦と城攻めに参加
慶長七（一六〇二）年
二十一歳で都に上る。諸国武者修行を始める
慶長九（一六〇四）年
吉岡一門と三度戦い、完勝する
慶長十（一六〇五）年
『兵道鏡』を著し、「天下一」を名乗り自流樹立
慶長十五（一六一〇）年
舟島（巌流島）で小次郎に勝つ
慶長十六（一六一一）年
三十歳を越え、「なおも深き道理」を追求する
慶長二十〔元和一〕（一六一五）年
大坂の陣に徳川方水野勢の騎馬武者として出陣
元和三（一六一七）年
姫路本多家の客分となる。養子三木之助出仕
寛永三（一六二六）年
明石小笠原家の客分となる。養子伊織出仕
寛永八（一六三一）年
五十歳、兵法の道に達する。伊織、小笠原家の家老となる
寛永九（一六三二）年
細川家が熊本に、小笠原家が小倉に移封される。武蔵、伊織とともに小倉に移住する
寛永十五（一六三八）年
武蔵、伊織とともに島原の乱の鎮圧に出陣
寛永十七（一六四〇）年
熊本細川家の客分となる
寛永十八（一六四一）年
『兵法三十五箇条』を熊本藩主細川忠利に呈上。

翌月藩主没後は、剣術指導の他、参禅し水墨画も描く

寛永二十（一六四三）年

岩戸山の霊巌洞に籠もり『五輪書』起筆

正保二（一六四五）年

『五輪書』を直弟子に譲る。『独行道』を記し、五月十九日死去

付　武蔵像の変遷

承応三（一六五四）年

伊織、小倉に武蔵顕彰碑建立

享保一（一七一六）年

『本朝武芸小伝』刊行（小倉碑文、逸話掲載）

元文二（一七三七）年

歌舞伎「敵討巌流島」大人気に、以降も上演

安永五（一七七六）年

『二天記』成立（武蔵の伝記・実録）

明治四二（一九〇九）年

熊本県宮本武蔵遺蹟顕彰会編『宮本武蔵』刊行（伝記と諸資料抜粋、『五輪書』公刊）

昭和十（一九三五）年

吉川英治、小説『宮本武蔵』新聞に連載を開始（四年後完）

昭和四十四（一九六九）年

富永堅吾『史実宮本武蔵』刊行

昭和四十九（一九七四）年

『五輪書』英訳 “*A Book of Five Rings*” 刊行

昭和五十二（一九七七）年

丸岡宗男編『宮本武蔵名品集成』刊行

平成十四（二〇〇二）年

魚住孝至『宮本武蔵——日本人の道』刊行

平成十七（二〇〇五）年

魚住孝至校注『定本 五輪書』刊行

読書案内

宮本武蔵は、有名な人物であるので、江戸時代からさまざまな逸話類や伝記があり、関係する書籍は数多く出版されている。けれども武蔵の著作や書・画・細工を調べ、養子や関係諸藩の史料や弟子筋の技の伝承も含めて吟味・考察して、武蔵の真実に迫った書籍は限られている。ここでは拙著を中心に紹介することにする。

魚住孝至『宮本武蔵――日本人の道』ぺりかん社、二〇〇二年

従来の諸研究を踏まえて宮本武蔵の生涯と『五輪書』の思想についての研究書（関ヶ原合戦に新免家中で参陣とした点を、黒田藩知行書の養父の記述が判明したので黒田家中で九州で戦ったとする修正は必要）。資料篇には、若い時代の『兵道鏡』の諸写本一覧と初版の本文、新発見の寛永十五年の『兵法書付』本文、『五方之太刀道』の自筆の証明と正確な翻刻。『五輪書』は諸写本一覧と校訂箇所のみ指摘。書・画・細工は伝来確かな作品を基準に真作の確かさを諸点から検討し五類に分けて第四類までの作品一覧掲載。江戸時代の武蔵関係でこの時点までに判明した資料名全てを列挙。

魚住孝至『宮本武蔵――「兵法の道」を生きる』岩波新書、二〇〇八年
上記書の研究成果を一般向けにまとめ、日本の「道」の思想や剣術の歴史の中で位置づけたもの。
魚住孝至校注『定本　五輪書』新人物往来社、二〇〇五年
『五輪書』写本十本を比較・校訂して本文を決定し、注解を付けた。また『兵法三十五箇条』も他の写本と校訂、弟子による増補版『兵法三十九箇条』、また『五方之太刀道』の現代語訳なども付す。『兵道鏡』以来の武蔵の兵法書の条目の変遷も示す。
魚住孝至編『宮本武蔵「五輪書」』角川ソフィア文庫、二〇一二年
ほぼ全て（内容が重複する一部省略。「火の巻」は整理）の原文と現代語訳、解説をつける。
丸岡宗男編『宮本武蔵名品集成』講談社、一九七七年／普及版一九八四年
宮本武蔵の真筆と判断される画二十四点、書（書状・『五方之太刀道』を含め五点）、細工

三点の写真を掲載。武蔵の署名・印章・花押の写真を掲載、確かなものだけを掲載する。武蔵真作の基準となるが、再考すべきものもある。宮本武蔵文献集として、細川藩の武蔵記録、伊織の泊神社棟札と碑文、江戸期の武蔵関係資料（『二天記』の基資料の『武公伝』を含め）、伊織・松井寄之書状など、原資料を翻刻する。丸岡氏による宮本武蔵の出自と実像の論も重要。

大浦辰男『宮本武蔵の真髄』マネジメント社、一九八九年

熊本で十八世紀後期に武蔵を研究した野田一渓に始まる野田派二天一流に伝わる伝書（『兵法三十五箇条』増補版や『五方之太刀道』解説の『二天一流兵法書序鈔』が貴重）を翻刻する。野田派伝来の技を志岐太一郎師の演武の写真と解説を掲載する。

別冊歴史読本『図説宮本武蔵の実像』新人物往来社、二〇〇三年

武蔵の主要な書画・遺品、肖像画の写真など掲載。研究者などの諸論と武蔵の書画を所蔵する美術館・博物館学芸員による関係資料解説、熊本郷土史家の周辺人物解説などを掲載。

魚住孝至『文学・芸術・武道にみる日本文化』放送大学教育振興会、二〇一九年

文学・芸術・武道を視点として先史から現代までの日本文化を概説した放送大学科目。第十章武芸鍛練の道（江戸初期）で『五輪書』を論じる。〔テレビ放送第十回では二天一流の技（山東系米原亀生師）及び新陰流の技（吉田鞆男師）の演武を見ることができる〕

おわりに

本書を読んで剣豪だけではない宮本武蔵を理解されたと思います。『五輪書』冒頭に武蔵自ら語るように、六十余度の勝負をして一度も敗れなかったのは、二十九歳までの武者修行時代のことでした。三十歳を越えて「なおもふかき道理」を追求して鍛練を続けて、五十歳で道に会い、「兵法の利にまかせて諸芸諸能の道となせば、万事におゐ《い》て我に師匠なし」と言い切っています。武蔵がこう言うだけの自信が出来たのは、剣術以外に水墨画においても、世間から一流と認められていたことも大きいと思います。

第2章の扉の「枯木鳴鵙図《こぼくめいげきず》」を改めてご覧いただきたい。枯木に止まっている鵙《もず》は、鋭い目で周りを観ており、虫が這い上がってくるのも視界に入れています。次の瞬間に飛び上がれる動を秘めています。下の空間には枝と葉がわずかに描かれて画面全体に隙がない。静かで緊迫感が張り詰めています。

第3章の扉の「正面達磨図」は、禅の初祖の達磨が正面からこちらを見詰めている。

これも最少限の線で描かれていますが、肚のところに充実した力があります。両図とも独自の個性ある絵であり、「万事におゐて我に師匠なし」を文字通り実証しています。その自信は、『五輪書』においては、仏教や儒教、あるいは故事を引かずに、自身の経験に基づいて、本質的なことのみを自分の言葉で簡潔に書くことに顕われています。普遍的な道に達したという意識が底にあるのです。

第1章の扉は『五輪書』の写本の写真です。地・水・火・風・空の巻と題された五巻の構成とそれぞれの内容は、本章で詳しく論じました。

第4章の扉は、武蔵が没する一週間前、『五輪書』を直弟子に譲った後に書いた自筆の書です。自らの生涯を振り返ってまとめた二十一箇条で、「独行道」という題が、その生涯を端的に示しています。「我、事におゐて後悔をせず」という言葉も見えます。

本書にはもう一つ武蔵自筆の書の写真を載せています。第1章の途中にある『五方《ごほう》之太刀道《のたちのみち》』です。熊本の二天一流の直弟子筋に自筆として伝わっていたもので、『五輪書』の当初の序とするつもりだった漢文の序文です。ブックス特別章で、その内容を紹介しました。道は徹底して追求すれば誰しも同じところに達する。自身はその道に至ったので、今後道を言うことがあっても、吾道に従うであろう。漢文故に道の普遍性の意識をより直截に語っています。この特別章には、武蔵の養父や養子のことや当時の大名との関係など、ほとんど知られていない事柄を史料に基づいて書きました。『五輪書』を著す武蔵の意識をより鮮明にするためです。

自らが専門とする道を徹底すれば普遍的な真理に通じるという思想が日本には伝統的にありますが、それを端的に示しているのが『五輪書』なのです。

『五輪書』は、武蔵が達した兵法の道を語る書です。その最後に「兵法を広くおこなひ、ただしく明らかに、大きなる所」を思い取れと語ります。決して剣術だけのことでなく、より大きく真実の生き方を伝えようとしていたと思います。

『五輪書』は、武士の生き方を書いていますが、社会が士農工商の各々の道から成り立つことも見ています。武士以外にいろいろな道があることを認め、専門は違ってもそれぞれの道で言われることには学ぶべきことが多いと言っているのです。そして「いづれも人間におゐて、我道《わがみち》〳〵をよくみがく事、肝要也」と言います。武士だけでなく、「人間」として、それぞれに「わが道」を見出し、自らが追求していくことが大事だと言っています。

宮本武蔵は、四百年近く前の時代を生きた人ですが、自由な精神で、人間と社会を大きな視野から見ています。優れた人間たるべく生涯を鍛練して生きた武蔵が、人生の最後に書き遺した『五輪書』を、それぞれに自分のものとして考えながら読んでいただきたいと思います。

令和三年五月

魚住孝至

本書は、「ＮＨＫ１００分de名著」において、２０１６年5月に放送された「宮本武蔵『五輪書』」のテキストを底本として加筆・修正し、新たにブックス特別章「わが道を生きる――宮本武蔵の生き方」、読書案内などを収載したものです。

装丁・本文デザイン／菊地信義＋水戸部 功

編集協力／山下聡子、福田光一、鈴木由香、北崎隆雄、小坂克枝

本文組版／㈱CVC

協力／NHKエデュケーショナル

p.001　宮本武蔵像（熊本県立美術館所蔵）

p.013　『五輪書』写本（永青文庫所蔵）

p.049　宮本武蔵筆「枯木鳴鵙図」（和泉市久保惣記念美術館所蔵）

p.077　宮本武蔵筆「正面達磨図」（永青文庫所蔵）

p.103　宮本武蔵筆『独行道』（熊本県立美術館所蔵、鈴木猛氏寄贈）

魚住孝至（うおずみ・たかし）

1953年兵庫県生まれ。放送大学教授。83年東京大学大学院博士課程単位取得満期退学。博士（文学）。専門は日本思想、実存思想、身体文化。国際武道大学教授を経て現職。著書に『宮本武蔵――日本人の道』（ぺりかん社）、『定本 五輪書』（新人物往来社）、『宮本武蔵――「兵法の道」を生きる』（岩波新書）、『芭蕉 最後の一句』（筑摩選書）、『道を極める――日本人の心の歴史』、『文学・芸術・武道からみる日本文化』、『哲学・思想を今考える――歴史の中で』（以上、放送大学教育振興会）、『日本の伝統文化6 武道』（山川出版社）、訳書にE・ヘリゲル『新訳 弓と禅』（角川ソフィア文庫）などがある。

NHK「100分de名著」ブックス
宮本武蔵『五輪書』～わが道を生きる

2021年7月25日　第1刷発行

著者――――魚住孝至
発行者―――土井成紀

発行所―――NHK出版
〒150-8081　東京都渋谷区宇田川町41-1
電話　0570-009-321（問い合わせ）　0570-000-321（注文）
ホームページ　https://www.nhk-book.co.jp
振替 00110-1-49701

印刷・製本―廣済堂

Printed in Japan ISBN978-4-14-081861-9 C0091

NHK「100分de名著」ブックス

ドラッカー マネジメント……上田惇生
孔子 論語……佐久 協
ニーチェ ツァラトゥストラ……西 研
福沢諭吉 学問のすゝめ……齋藤 孝
アラン 幸福論……合田正人
宮沢賢治 銀河鉄道の夜……ロジャー・パルバース
ブッダ 真理のことば……佐々木 閑
マキャベリ 君主論……武田 好
兼好法師 徒然草……荻野文子
新渡戸稲造 武士道……山本博文
パスカル パンセ……鹿島 茂
鴨長明 方丈記……小林一彦
フランクル 夜と霧……諸富祥彦
サン＝テグジュペリ 星の王子さま……水本弘文
般若心経……佐々木 閑
アインシュタイン 相対性理論……佐藤勝彦
夏目漱石 こころ……姜尚中
古事記……三浦佑之
松尾芭蕉 おくのほそ道……長谷川 櫂
世阿弥 風姿花伝……土屋恵一郎
万葉集……佐佐木幸綱
清少納言 枕草子……山口仲美

紫式部 源氏物語……三田村雅子
柳田国男 遠野物語……石井正己
ブッダ 最期のことば……佐々木 閑
荘子……玄侑宗久
岡倉天心 茶の本……大久保喬樹
小泉八雲 日本の面影……池田雅之
良寛詩歌集……中野東禅
ルソー エミール……西 研
内村鑑三 代表的日本人……若松英輔
アドラー 人生の意味の心理学……岸見一郎
道元 正法眼蔵……ひろさちや
石牟礼道子 苦海浄土……若松英輔
歎異抄……釈 徹宗
ユゴー ノートル＝ダム・ド・パリ……鹿島 茂
サルトル 実存主義とは何か……海老坂 武
カント 永遠平和のために……萱野稔人
ダーウィン 種の起源……長谷川眞理子
アルベール・カミュ ペスト……中条省平
バートランド・ラッセル 幸福論……小川仁志
三木 清 人生論ノート……岸見一郎
法華経……植木雅俊